rüffer & rub

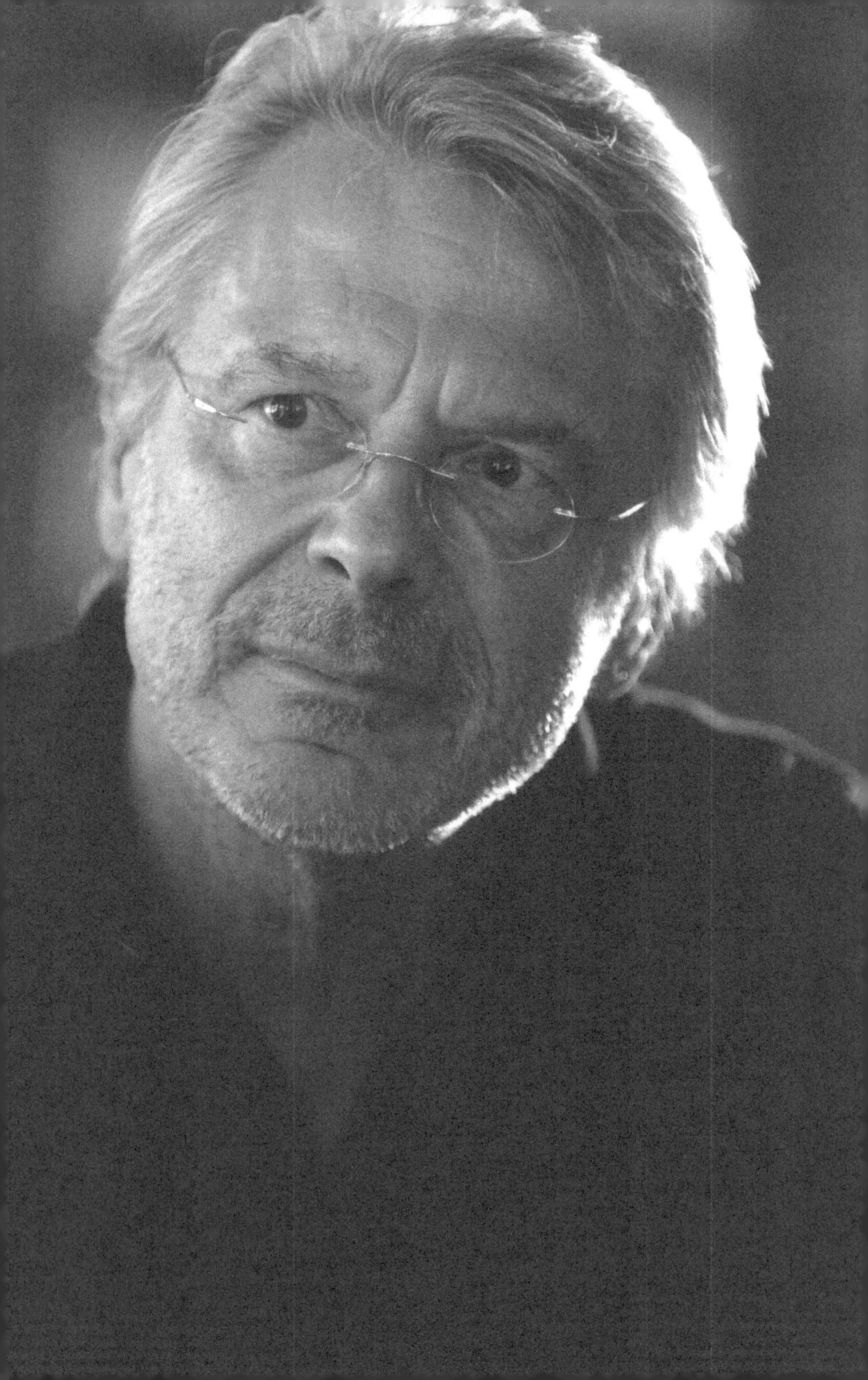

Michael Schneider

MEYLEN STEINE

Reinhard Mey und seine Lieder

Für meine Familie
in der Schweiz, Deutschland
und Kanada

Der rüffer & rub Sachbuchverlag wird vom Bundesamt für Kultur mit einem Strukturbeitrag für die Jahre 2021–2024 unterstützt.

3. Auflage Januar 2023

info@ruefferundrub.ch | www.ruefferundrub.ch

Schrift: Arnhem, AkkuratStd
Druck und Bindung: CPI – Ebner & Spiegel, Ulm
Papier: Munken Premium Cream, 90 g/m², 1.75

ISBN: 978-3-906304-93-9

55 LIEDER

28 ALBEN

5 ZUGABEN

ANHANG

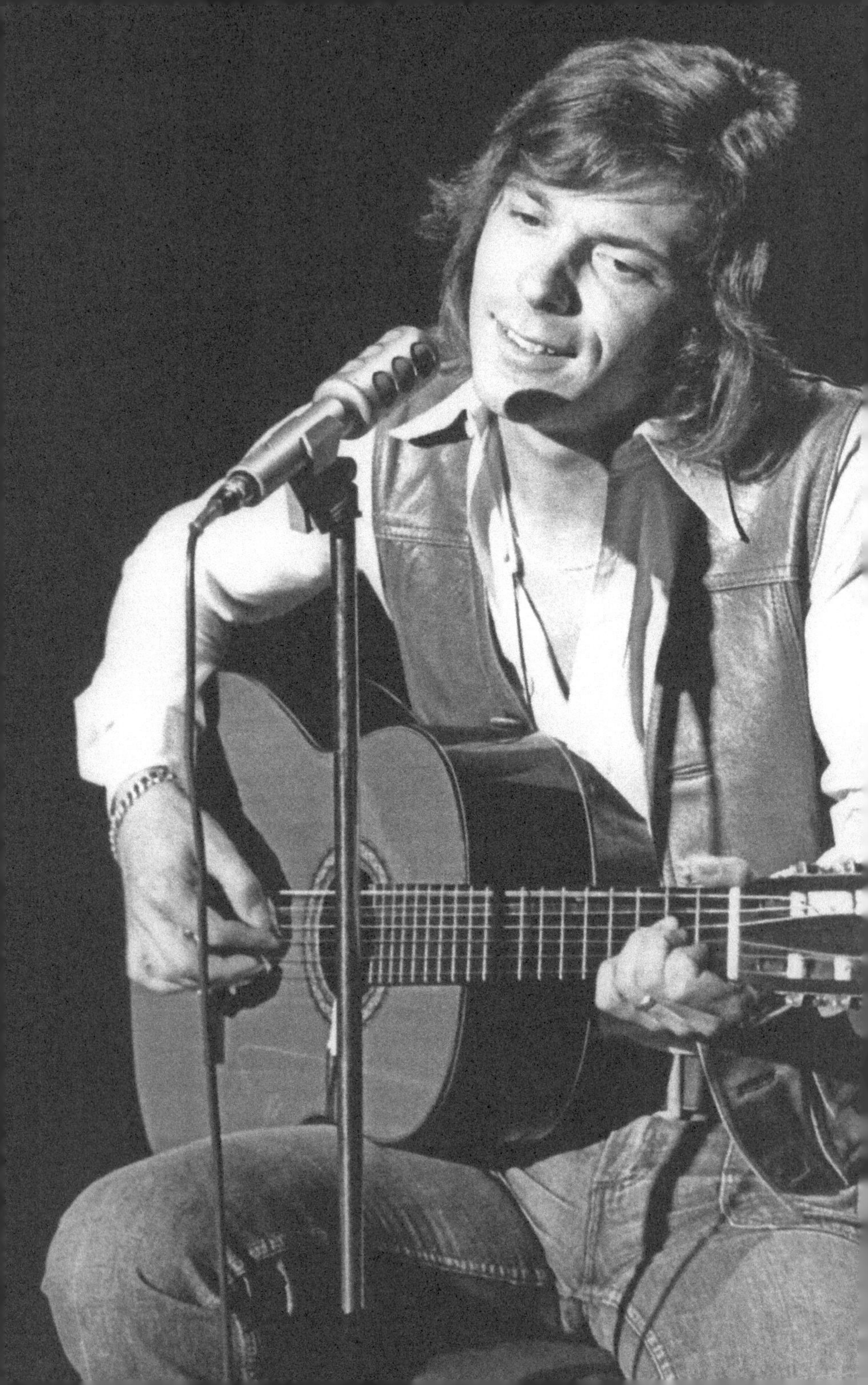

55 LIEDER

»[...] In Reinhard Meys Liedern ist kein falscher Ton. Das gilt für seine oft einschmeichelnden, manchmal nach Art der raunenden französischen Chansontradition arrangierten Melodien. Und es gilt auch für seine immer klaren, einprägsamen Verse [...]«[1]

Hilmar Klute,
Journalist und Schriftsteller

»Mein Achtel Lorbeerblatt«, 1972
»Ich wollte wie Orpheus singen«, 1967
»Über den Wolken«, 1974
»Daddy Blue«, 1979

AUFTAKT

Reinhard Mey gehört zu den Erinnerungen meiner Kindheit und meiner Jugend. Die erste Tournee-LP von 1971 führte mich in sein musikalisches Universum ein: Knallgelb leuchtete der Schriftzug »live« auf dem schwarzweißen Cover, und der Sänger mit Gitarre lehnte sich betont lässig an seinen eigenen Namen. Die »Trilogie auf Frau Pohl« war auf diesem Album zu finden, Meys streitbar-versöhnliche Abrechnung mit seiner Zimmerwirtin, »Christine«, die poetische Liebeserklärung an seine erste Frau, und »Kaspar«, die bewegende Ballade über das Findelkind Kaspar Hauser. Solchermaßen initiiert, entdeckte ich »Ikarus« von 1975 mit der »Homestory« und »Weil ich ein Meteorologe bin«, »Menschenjunges« von 1977 mit dem »Antrag auf Erteilung eines Antragformulars«, vor allem aber »Keine ruhige Minute« von 1979 mit »Happy Birthday to Me«, »Dr. Nahtlos, Dr. Sägeberg und Dr. Hein« und dem »Zeugnistag«. Noch heute spüre ich in diesen musikalischen Zeitkapseln meine damalige Faszination beim Drehen der Nadel in den Schallplattenrillen. Jahre später war ich beeindruckt von »Die Kinder von Izieu« (1994), Meys bewegender Elegie für in der Shoah ermordete jüdische Waisenkinder. Meine Bewunderung war manchmal ambivalent, wenn ich verfolgte, was es Neues gab von Reinhard Mey, und eher das Alte vermisste, denn das Neue schätzte. Doch die Zeit wandelt sich, und der Künstler in ihr. Meys Stimme, Meys Botschaft, sie bewegt noch immer, in ihrer musikalischen und dichterischen Reflexion, ihrer Mahnung, ihrer Poesie. Im Blick auf Reinhard Meys Gesamtwerk, auf alle Lieder aus über 50 Jahren, wächst der Respekt und weitet sich der Horizont.

Zu Reinhard Mey und den 363 Liedern, die zwischen 1967 und 2020 auf insgesamt 28 deutschsprachigen Alben erschienen sind, ist dieses Buch eine Art Hörführer. Es ist Einladung und Aufforderung, sich einem der wichtigsten Universen des deutschsprachigen Chansons auf verschiedenen thematischen Pfaden zu nähern, in ausgewählte Lieder und in Meys deutsche Studioalben erstmals oder von Neuem einzutauchen. Vor allem soll es den Blick schärfen – für die Themen, die Mey wichtig sind und die in ihrer Relevanz, so scheint es, bisher noch überhaupt nicht rezipiert wurden. Und es beschreibt anhand von 55 Liedern, was Meys Lieder und ihre Wirkung musikalisch ausmacht, wie der Sänger seine stets zuerst entstehenden Texte vertont.

»Poet des Alltäglichen« wurde Mey genannt, doch ist er ebenso ein Poet des Außergewöhnlichen. Es gibt ihn: Mey, den Entertainer. Und es gibt sie bei Mey: die doch eher nebensächlichen Themen, die vielleicht da sind, um die großen auszubalancieren. Doch im Zentrum stehen die ganz großen Fragen: zu Liebe, Identität und Gerechtigkeit. Und sie werden außergewöhnlich thematisiert, musikalisch und textlich. Es ist Zeit, sich dieser großen Themen bei Mey gewahr zu werden. So markieren in diesem Buch 55 ausgewählte Lieder (und 5 Zugaben) »Meylensteine« eines Lebens als Liedermacher. Die Reihenfolge der Lieder schlägt dabei einen assoziativen Bogen über wichtige Themenkreise, die jeweils anhand von zwei bis vier charakteristischen Liedern aus allen Schaffensphasen beleuchtet werden. Ein Kurzporträt aller deutschen Studioalben von 1967 bis 2020 schließt sich an.

In Meys Musik begegnen wir einem Komponisten, Texter und Sänger, der immer authentisch ist, wenn er Persönlichstes in einer Vielzahl von Schattierungen aussagt. Mey ist Chronist und Seismograf: seiner eigenen Lebensgeschichte zunächst, aber auch des ganzen Panoramas menschlicher Begebenheiten, die vom Radar seiner Beobachtung erfasst werden. Als Zeitzeuge breitet er den Spiegel seiner Zeit aus, singt über deutsches Leben vom Kalten Krieg bis in die Gegenwart. Er repräsentiert den zur Legende gewordenen Prototypen eines modernen Barden, Minne- oder Bänkelsängers, der umherzieht, um Neuigkeiten zu verkünden. Seine Aufgabe: zu mahnen, zu kritisieren, aber auch: zu versöhnen und – zu unterhalten.

In der Rolle des Chronisten müssen und dürfen vielerlei Themen Platz finden. So geht es nicht nur um Tierschutz, Menschenrechte und die Verblendung durch Korruption, sondern auch um die Marotten der Nachbarn und die »Männer im Baumarkt«. Und zuallererst natürlich geht es um ihn, den aus sich schöpfenden

Texter und Komponisten, um die Familie, um Liebe, Freundschaften, Begegnungen. Der Zeitspiegel des Liedermachers: Das ist pralles Abbild unserer Zeit. Es sind Schlaglichter, Komödien und Tragödien im Zwei-bis-sieben-Minuten-Format. Meys enorme Bandbreite hat eine gerechte Rezeption seines Werkes bisher sicherlich nicht erleichtert. Nicht alle seiner Lieder beanspruchen Ewigkeitswert – doch einige sind bereits Allgemeingut geworden. Neben spöttischer Satire steht humanistische Empathie. Neben Anekdoten und Alltag stehen die großen Themen vor und nach der Jahrhundertwende.

Auch die Rezeption seines Werkes widerspiegelt die Zeit und ihre Strömungen. Nach 1972 und »Annabelle, ach Annabelle« wurde Mey das Etikett des Spießers vorgeworfen, in einer Humorlosigkeit, die die Satire des Stückes und seine Selbstironie ebenso übersah wie das Gefangenen-Psychogramm »In Tyrannis« auf demselben Album. Die berühmte Schublade: Sie hat wohl nie für ihn gepasst. »Der du in deine Zeilen / Dein Herzblut schreibst, armer Poet«, klagte Mey 1979 im Lied »Von Luftschlössern, die zerbrochen sind«, »Dass Narren darüber urteilen, / Und man dich schmunzelnd missversteht. / [...] / Die Welt sieht nur die grellen Schilder, / Und dein Pastell begreift sie nicht!« Jahre später sang er 1992 in »Das Etikett« auch darüber, dass ihm einst das Etikett »Der Kerl ist nett« verliehen worden sei. So habe er nun den Freipass, »ungestraft und nett die Sau rauszulassen«.

Schon früh hat Mey in »Mein Achtel Lorbeerblatt« auf Kritik an seiner Arbeit reagiert – und dabei auf seine Autonomie als Musiker gepocht. »Mein Achtel Lorbeerblatt« ist ein schlichtes Lied von stiller Schönheit, eine

Fußnote quasi in eigener Sache, mit leiser Poesie und unaufdringlichem Selbstvertrauen angebracht. Musikalisch geschieht dies mit einem eigenwilligen kleinen Akt der Selbstbehauptung. Denn im Refrain, wo Mey sich von seinen Kritikern abgrenzt und verkündet, sich auf sein Achtel Lorbeerblatt zurückzuziehen und dort für sein Publikum das zu schreiben, was er wolle: Genau dort wechselt er das Metrum vom 3/4- in einen 6/8-Takt – ich mache, was ich will! Und in diesem Wechsel – von der Außenwahrnehmung zum Selbstbild – nimmt die Melodie Schwung auf und an Geschmeidigkeit zu: Vorwärtsdrängen und Fließen als Ausdruck schöpferischer Rebellion!

Meys künstlerisches Selbstbewusstsein manifestierte sich schon fünf Jahre vorher sehr prononciert, im frühen »Ich wollte wie Orpheus singen«, 1967 veröffentlicht, aber schon 1964 geschrieben. Der Sänger steht am Anfang seiner Karriere, und obwohl die Lyra aus Geldmangel zuweilen noch ins Pfandleihhaus gebracht werden muss, meldet er seinen Anspruch an, in Orpheus' Fußstapfen zu treten: »Mag mein Name nicht Orpheus sein, mein Name gefällt mir auch.« Der dem Lied unterlegte Hall erzeugt einen großen Echoraum; der Schall weitet seine Stimme, die mythische Entfaltung eines Orpheus evozierend, und verleiht ihr einen Nimbus, der bis zu den Felsen und zum Meer reichen mag. Dass Mey von seiner »Mittelmäßigkeit« singt, mag als Reim und selbstironischer Verweis heute, nach über 50-jähriger Karriere, etwas schief im Raum stehen. Ein frühes Indiz vielleicht, dass der Sänger sich selber nicht allzu wichtig nimmt und sich im Showbusiness seine Natürlichkeit bewahrt hat. Denn Kunst soll authentisch, natürlich sein, und hat im Vorgang des Schreibens (»Ein Stück Musik von Hand gemacht«, 1986) durchaus etwas Handwerkliches, wie es der Begriff des Liedermachers ja sehr plastisch ausdrückt. Und mag sein Gesang, wie er in »Orpheus« konstatiert, auch nicht Felsen erweichen, so lässt sich durch ihn doch die Liebe gewinnen – und damit ist früh bereits eines der großen Lebensthemen Meys gesetzt.

Ein anderes Lebensthema Meys ist die Freiheit. Sie wird unter anderem durch das Fliegen symbolisiert, und kein anderes Lied ist so sehr ins allgemeine Bewusstsein vorgedrungen wie »Über den Wolken« von 1974. Es ist zweifellos der erste Liedtitel, die allererste Assoziation, die Personen jeglichen Alters mit Mey gleichsetzen. Obwohl nur als »normaler« Albumtitel geplant, hat das Lied diese Bestimmung längst hinter sich gelassen und Kultstatus erreicht, ist seine Refrainzeile »Über den Wolken muss die Freiheit wohl grenzenlos sein« längst zum geflügelten Wort geworden. Gibt es eine Erklärung für diesen Siegeszug? Denn »Über den Wolken« ist zweifellos ein gutes Lied, doch besser als Dutzende andere des Musikers ist es nicht.

Erschienen ist »Über den Wolken« im Jahr 1974, im Zenit der frühen Karriere, und musikalisch ist sein Klanggewand ein locker-flockiger Groove, getragen vom Optimismus und Erfolg jener Jahre. »Über den Wolken« ist das allererste Fluglied Reinhard Meys – und im Gegensatz zu »Ikarus« von 1975, wo sich der Sänger in die Lüfte schwingt, bleibt er hier am Boden: Der Liedermacher wird seinen Pilotenschein im Jahr 1976 machen. Die Strophen beschreiben den Startvorgang eines Flugzeuges, das vom Asphalt und im Regen in die Wolken abhebt. Und in diesen Vorgang werden Wünsche projiziert – das Lied ist eine Annäherung an eine Passion, es erzählt von einer (noch) unerfüllten Sehnsucht. Im zweiten Teil der drei Strophen legt Mey ein Vibrato in seine Stimme auf die Worte »bebt«, »verloren« und »Regenbogen«. Und dann hebt der Refrain, wie das Flugzeug, vom Boden ab, mit einem Oktavsprung. Dies geschieht mit Emphase in der Stimme, die sich dem Unerreichten, Erhofften annähert und genau auf »grenzenlos« den höchsten Punkt der Melodie erreicht. »Ich wär gern mitgeflogen« lautet die letzte Zeile des Liedes. Und der Erfolg des Liedes gründet wohl in der Universalität, mit der alle Zuhörer hier Hoffnungen, ihre Befindlichkeit und Sehnsucht gespiegelt sehen: den Wunsch, Sorgen zurückzulassen und dorthin aufzusteigen, wo die Freiheit grenzenlos sein muss. Der Musiker und seine Hörer: Sie bleiben zwar zurück. Doch die Sehnsucht aufzubrechen: Sie lebt weiter, mit jedem neuen Hören des Tracks. Und die Vision der Freiheit, sie wird im Lied mit dem Geräusch der Triebwerke, das den Song einleitet und ihn als Fade ausklingen lässt, gleichsam als Traumbild eingerahmt.

Musikmachen, das Metier des Liedermachers, ist für Mey mit Respekt und Würde verbunden: als ernsthafte, gewissenhafte Arbeit. Das alte Bonmot, Kunst komme von Können, wurde von Arnold Schönberg in dem Sinne umgedeutet, dass Kunst nicht von Können, sondern von Müssen komme. Für Reinhard Mey ist seine Kunst zweifellos beides: Können und Müssen, Talent und Berufung, aber auch innere Notwendigkeit. Seine musikalische Inspiration, sein Talent für unverwechselbare Melodien, ist gepaart mit der Lust und der Kunst grandiosen Formulierens. So ist Mey auch Dichtermusiker, dessen zuerst entstehende Texte gleichwertig neben der dazu komponierten Musik stehen. Eine wichtige Rolle beim Klanggewand, in dem die Lieder auf den Studioalben erscheinen, spielen schließlich seine Arrangeure und Produzenten, zunächst meist Kai Rautenberg, Wilfried Grünberg und Walther Richter, seit Mitte der 1990er-Jahre Manfred Leuchter. Selbst wenn sie im Folgenden meist nicht namentlich erwähnt werden, so ist die Wirkung vieler Lieder auch ihrer Arbeit zu verdanken.

Das Showbusiness und seine Künstlichkeit – sie karikiert Reinhard Mey schon 1979 im sarkastischen »Daddy Blue«. Das Lied beginnt mit countryartigem Groove und endet im Refrain mit einer für den Blues typischen jazzigen Wendung: Assoziation zum Namen des Möchtegern-Stars, Daddy Blue. Mey singt den Song mit solch einer Souplesse, Nonchalance und Selbstverständlichkeit, dass die Szenerie für den Auf- und Abstieg des Vorher-Fotomodells Detlef Kläglich ihr perfektes akustisches Äquivalent findet. Der zu Strophenbeginn gesprochene Text geht allmählich in einen melodischen Sprechgesang über, der in den hymnischen Dur-Dreiklängen des auf populär getrimmten Refrains (»There's no business like showbusiness.«) seinen Kulminationspunkt findet. Dass der gescheiterte Schlagerstar sein Auskommen als Musikkritiker findet, mag Klischee sein. Jedoch geht es Mey um Inkompetenz, Unaufrichtigkeit und Anmaßung im Streben nach Kommerz. In »Larissas Traum« auf dem Album »Mairegen« geißelt er 30 Jahre später, wie in den Talentshows des frühen 21. Jahrhunderts junge Gesangstalente den Einschaltquoten geopfert werden.

»Douce France«, 2004
»Mein Land«, 2002

HEIMAT

Deutschland und Frankreich sind Meys zwei Heimatländer – und diese beiden Lieder erscheinen als Liedpaar wie die zwei Seiten einer Medaille: glänzend erhellt und dunkel schattiert.

Nach zwei deutschen Angriffskriegen gegen Frankreich ist die deutsch-französische Versöhnung (1963) noch Zukunftsmusik, als Reinhard Mey Mitte der 1950er-Jahre als Austauschschüler nach Paris reist. Auf privater Ebene war die deutsch-französische Freundschaft für Meys Eltern schon lange selbstverständlich – und von einer Sommerfreundschaft in Frankreich 1954 erzählt er 2002 in »Weißt du noch, Etienne«. »Douce France« nun, 2004 erschienen, ist ein hochinteressantes biografisches Dokument, singt Mey doch erstmals in einem Lied ausführlich davon, wie er in Frankreich sozialisiert und für seinen Werdegang ganz entscheidend geprägt wurde. Das Paris der Erinnerung ist das Paris der Dichter, die Welt von Georges Brassens, Jacques Brel, Yves Montand und Boris Vian, den Mey noch selber hörte, bevor Vian 1959 starb. »Douce France«, das ist der akkordeongeschmückte, verklärte Bogen von vier Strophen, in den nur als Mittelteil ein düsteres Intermezzo von Prostitution und Pflastersteinen dringt. »Douce France« ist DAS Schlüsselerlebnis in Meys Jugend und selbstverständlich idealisiert; es ist nicht das Paris der späteren Banlieues, sondern das der versöhnlichen Wahlheimat. Und als solche heilt »la douce France« Wunden: »Da war nie ein Wort der Feindschaft, nie eine Demütigung, / Nur so ein gewisses Lächeln in meiner Erinnerung. / Manchmal, wenn ich an mir leide, dann machst du mich wieder heil, / von meiner schweren, dunklen Seele bist du der helle, der federleichte Teil.«

Zu diesem Erinnerungsraum passt, wie jede Strophe über 20 lang gezogene Takte kunstvoll und mit Wärme ausgebreitet wird, in einem fast zärtlich wiegenden, ausgedehnten, sich harmonisch vorwärtsbewegenden Erzählstrom. Dazu passt auch, wie das Stück in einem Wechselspiel von leuchtendem A-Dur und melancholisch angehauchtem fis-Moll changiert und die Klangpalette von den Akkorden der Kreuztonarten, von h über cis zu gis, eingefärbt wird. Nur ein ultrakurzer Refrain, gegen Schluss des Stückes von einem Accelerando-Tanz ergänzt, schließt die Strophen ab. Ein zweifaches Fazit »Douce France!« ist es, das alles aussagt, das erste Mal auf der Grundkadenz von A-Dur, das zweite Mal auf der Grundkadenz von fis-Moll niederschwebend. Mit dem Titel »Douce France« (gutes / liebliches Frankreich) spielt Mey sicherlich auch auf Charles Trenets berühmtes gleichnamiges Chanson aus den 1940er-Jahren an. Dort heißt es: »Douce France, cher pays de mon enfance / Bercée de tendre insouciance /

Je t'ai gardée dans mon cœur!« (Liebliches Frankreich, geliebtes Land meiner Kindheit / In zärtlicher Sorglosigkeit geborgen / Ich habe dich in meinem Herzen bewahrt!) Diese Zeilen treffen auch auf Mey selbst zu, der mit diesem Lied auf dem Album »Nanga Parbat« sein ganz eigenes »Douce France« komponiert hat.

Ist die Liebe (zu Frankreich) die glänzende Seite der Medaille, so ist das Leiden (an Deutschland) die dunkle Seite. Neben der schwebenden Hommage an Meys Wahlheimat steht die grüblerische Reflexion über sein Mutter- und Vaterland. Dass dieses Liedpaar so verstanden werden kann, »Douce France« als Gegenstück zu »Mein Land«, dafür ist auch die Instrumentierung ein Indiz. Denn symbolisiert das Akkordeon in »Douce France« die Grande Nation, so gesellen sich in »Mein Land« ganz ungewohnt Violine und Violoncello zur Gitarre. Doch wieso diese beiden Instrumente, und wieso lassen der Anfang der Versmelodie von »Mein Land« und die Streicherzwischenspiele eine Ahnung von etwas ganz anderem anklingen?

Spurensuche! Mey singt »Mein Land« in G-Dur, in derselben Tonart, in der auch das Adagio aus Joseph Haydns »Kaiserquartett« op. 76/3 notiert ist – die Melodie dieses Streichquartett-Satzes wurde bekanntlich zur Melodie des »Deutschlandliedes«. Reinhard Mey nun, der vom Land der Opfer und der Täter singt, von Heuchelei, Widersprüchen und den fehlenden, obwohl lang versprochenen blühenden Landschaften: Er verwendet als Fragment aus dem »Deutschlandlied« genau jene Noten, die dort zu »Blüh im Glanze« [dieses Glückes] verwendet werden. Und die Streicherzwischenspiele verwenden bei Mey die darauffolgenden Noten, die zu den Worten »[blü]-he deutsches Va-[terland], blüh im Glanze« erklingen. Welch feinsinniger melodischer Bezug, bei dem die beiden Streichinstrumente zusätzlich auf die historischen Wurzeln des »Deutschlandliedes« als Streichquartett verweisen! Auf der Grundlage dieser Bezüge schreibt Reinhard Mey (der 1983 und 2001 das Bundesverdienstkreuz erhielt) also sein ganz eigenes »Deutschlandlied«, ein Lied, das dem Pathos der Nationalhymne entsagt, ja, ihm eine Gegenwelt des Haderns, Zweifelns und der Fragen gegenüberstellt: »Ich häng an dir, und bin in deinen Brüchen, / Im Guten, wie im Schlechten dir verwandt, / Ich bin dein Kind in deinen Widersprüchen, / Mein Mutterland, mein Vaterland, mein Land.« Zweifellos gilt auch: Wo man näher dran ist, fällt Negatives stärker ins Gewicht. Die zeitlich-biografische und geografische Distanz zu Frankreich, das kaum mit weniger Problemen als Deutschland zu kämpfen hat, verklärt und idealisiert und verschiebt die Gewichte zu Ungunsten des eigenen Landes.

»Mein Berlin«, 1990
»Das Meer«, 1988
»Ikarus«, 1975

ERDUNG

Reinhard Meys Fixpunkt, sein Zuhause, das ist – vielfach besungen – »Mein Berlin«. Es ist sein Lebensort, Nabel seiner Welt, Ort, zu dem er immer zurückkehrt und von dem seine Lieder ausgehen. Doch gibt es weitere Pole, die er besingt. Und wenn Berlin als »Erde« aufgefasst werden kann, so sind es gleich drei der vier Urelemente Feuer, Erde, Wasser, Luft, die Reinhard Mey symbolisch verorten und erden. Das Wasser mag für Sylt stehen, wo viele seiner Lieder entstanden sind, die Luft für das Gegenelement, in das er sich immer neu physisch und musikalisch aufgeschwungen hat, Sehnsuchtsort und luftige Heimat fern der Erdenschwere. Und in diesem symbolischen Dreieck Erde, Wasser, Luft sind zentrale Begriffe und Themen eingeschlossen, die sich durch das ganze Werk des Musikers ziehen: Verwurzelung, Leben, Freiheit.

Es war zu erwarten, dass Mey auf dem ersten Album nach der Wende 1989 diesen historischen Vorgang reflektiert, nachdem er lange unter der Teilung gelitten hatte (»Lied zur Nacht«, 1969, »Ich würde gern einmal in Dresden singen«, 1983, und, zurückblickend, »Grenze«, 1992). »Mein Berlin« auf dem Album »Farben« ist eine große epische Hymne an seine Heimatstadt. In fünf Strophen zu je acht Zeilen, in insgesamt 40 Zeilen also, rekapituliert sie die Geschichte der Stadt vom ausgebombten Nachkriegsberlin zur Luftbrücke, zum Juniaufstand 1953 und zum Bau der Mauer, zu den Auseinandersetzungen der 1970er- und 1980er-Jahre, in denen der Sänger in Gedanken sein Bündel, um die Stadt zu verlassen, schon geschnürt hatte. Dann die Freiheit, Hoffnung und Wege durch eine geeinte und keine geteilte Stadt.

Für 40 Jahre Berlin benötigt man einen langen Atem. Und so formt Mey die 40 Textzeilen als kunstvolle, epische, in sich geschlossene Melodiebögen, die sich in unterschiedlichen Tonumfängen bis zur Oktave und None spannen, die sich heben und senken, bevor ein neuer Gedanke gesponnen wird. Schließlich: der Refrain. Nach dem riesigen Atem der Strophen, die in ihrem musikalischen Strom jeweils eine ganze Epoche einschließen, ist es nun ein flehender, ein beschwörender, ein erlöster Atem, stufenweise in Spannung ansteigend, dann in Entspannung fallend – »das war mein Berlin«. Fünfmal erklingt der Refrain, und er wirkt wie eine Beschwörungsformel, ein Mantra. In diesem Mantra, in dieser Kapsel der Vergegenwärtigung, ist jedes Mal eine neue Verszeile enthalten: Quintessenz der jeweils letzten Strophe. Der letzte Refrain dreht sich in die Gegenwart, und in der Quintessenz dieses letzten Refrains scheint auch Reinhard Meys eigenes Lebensmotto eingeschmolzen: »Das ist mein Berlin, mein Berlin, mein Berlin / Gibt's ein schön'res Wort für Hoffnung, aufrecht gehen, nie mehr knien? / Das ist mein Berlin.«

Fernab der dramatischen historischen Verwicklungen Berlins liegt Meys Nordsee-Refugium Sylt, das Ausgangspunkt eines Liedes mit dem schlichten, allumfassenden Titel »Das Meer« ist. Doch wie lässt sich etwas so Mächtiges wie »das gewaltige, ewige Meer« in ein Lied fassen? Da ist zunächst ein gehaltener e-Moll-Akkord, dunkel erhabenes Symbol, der über vier Takte ausgedehnt wird, bevor der Puls des Schlagzeugs und der erste Text (»Der Wind hat gedreht, und die Flut kommt herein«) einsetzt. Dunkel ist der gesamte Beginn, denn in den ersten zehn Takten, mit einem kurzen Wechsel nach h-Moll, ist alles in e-Moll getaucht. Und das Archaische der Natur unterstreichend, schreitet die Melodie hier wie auch im weiteren Verlauf des Liedes fast ausschließlich in gravitätischen Viertelnoten voran.

»Dunkelgrau mit einem silbrigen Schein« lautet die zweite Zeile des Liedes – und auf den Silberschein erscheinen die ersten Dur-Akkorde, die das Lied aufhellen, aus dem anfänglichen e-Moll herausheben. Die Melodie, meist in engen Sekunden stufenförmig auf- oder absteigend, formt expressiv repetierend eine quasi wellenförmige, auf- und abschwellende Bewegung. Und nach dem düsteren Strophenbeginn spielt Mey gekonnt mit dem Gegensatz von Hell – Dunkel, denn in die dunkle Brandung mischt sich helle Gischt, dann die Farbe Türkis. Und so erreicht die Aufhellung des Liedes mit dem Refrain (»Auf hellem Türkis tanzen glitzernde Lichter«) ihren Höhepunkt. Das Stück kippt von der Molltonart e in die Durtonart E: Es ist das

Schreiten vom Dunkel ins Licht. Und gegen Ende des Refrains (in der ersten Strophe mit dem Text »Erfüllt von Geschichten aus uralten Tagen«) wird die Melodieführung mit Terzen, Sexten, Quarten erweitert, was den hymnisch jubilierenden Charakter dieses Liedabschnittes zusätzlich verstärkt. Noch zweimal wiederholen Strophe und Refrain dieses Schauspiel von Licht und Schatten. Und Mey gelangt gleichzeitig zum düsteren Fazit, dass das Meer, vom Menschen vergiftet, sich des Menschen entledigt: »Wir brauchen das Meer, doch das Meer braucht uns nicht!« Die Hommage an das Meer, das es im ureigenen menschlichen Interesse zu schützen gilt, ist ein Plädoyer für Macht und Unversehrtheit der Natur. Und als solches schlägt es den Bogen zu einer Reihe von Liedern Meys, die für Schutz und Würde allen Lebens einstehen und die friedliche Koexistenz von Mensch und Natur postulieren.

Der mystisch-geheimnisvollen Aura von »Das Meer« entgegengesetzt ist die Utopie von Freiheit und Frieden, wie sie Reinhard Mey seit fünfzig Jahren im Element Luft findet und beschwört. Nur ein Jahr nach seinem Allzeit-Hit »Über den Wolken« besingt er in »Ikarus« wiederum das Idyll in der Luft, das sich auch im Idyll am Boden spiegelt. »Ikarus« ist eine Wolken- und Landpartie in As-Dur, getaucht in filigrane helle Farben. Protagonisten sind die Federwolken, die »Schleier wie aus Engelshaar«, die Flüsse als silberne Adern, die seidene Luft. Mey ist im Himmel (sky), aber er ist symbolisch auch im Paradies (heaven), in (s)einem himmlischen Universum.

Die Melodie widerspiegelt dies, steigt sie doch um über anderthalb Oktaven bis an Meys Stimmgrenze, die auf das Wort »Ikarus« und auf den Scheitelpunkt des Aufsteigens erreicht wird. Der Sänger weiß, dass er aufsteigt, um über den Horizont hinaus zu blicken – sieben Jahre vorher, 1968, wurde das berühmte Foto des Astronauten William Anders publiziert, auf dem erstmals die blaue Kugel Erde vom Mond aus zu sehen ist. Mey möchte, wie Ikarus, aus Gefangenschaft fliehen, aus der Schwere des irdischen Daseins. Der Fall des Ikarus, oft als Mahnung gegen Übermut gedeutet und in der Kulturgeschichte vielfach rezipiert, kommt in seinem Liedtext allerdings nicht vor. Das Wissen um den Fall des Ikarus allerdings schwingt beim Hören des Liedes mit; zudem ist der Fall des Ikarus auf dem Innencover des Albums abgebildet. Vielleicht vermittelt das Lied, unausgesprochen, auch die Ahnung und Botschaft, dass Flucht aus der Gefangenschaft nur temporär möglich ist – nur für den erdgeschichtlichen Wimpernschlag, in dem es Menschen möglich ist, sich von der Schwerkraft zu befreien und in eine Sphäre vorzustoßen, die ihnen eigentlich verwehrt ist.

»Du bist ein Riese, Max!«, 1992
»Lilienthals Traum«, 1996

FLÜGEL

»Kinder werden als Riesen geboren« – so beginnt Reinhard Meys Lied »Du bist ein Riese, Max!« – »Doch mit jedem Tag, der dann erwacht, / Geht ein Stück von ihrer Kraft verloren, / Tun wir etwas, das sie kleiner macht. / Kinder versetzen so lange Berge, / Bis der Teufelskreis beginnt, / Bis sie wie wir erwachs'ne Zwerge / Endlich so klein wie wir Großen sind!« Man muss Reinhard Meys Meinung zu den Fesseln von Schule und Gesellschaft nicht teilen, um zu konstatieren, dass ihm mit diesen Zeilen nicht nur ein origineller Liedbeginn, sondern mit »Du bist ein Riese, Max!« ein wunderbares Plädoyer für kindliche Kraft, Visionen und Autonomie geglückt ist. Die Suche der Kinder nach dem Stein der Weisen und dem versunkenen Atlantis, fern von Vorurteilen auf »Flügeln aus Gedanken« – dies münzt er zwar auf seinen damals zehnjährigen Sohn Maximilian, aber gleichzeitig wohl auf alle Kinder dieser Welt.

Die acht Zeilen jeder Strophe sind aus acht je in sich geschlossenen melodischen

Phrasen gebaut, die sich in 4x2 Paaren zu einem harmonischen Bogen zusammensetzen. In der Mitte der Strophe setzt eine Trübung in Moll ein und mit zwei schmerzlichen melodischen Betonungen auf »Kinder versetzen solange Berge, / Bis der Teufelskreis beginnt,« gelingt dem Liedermacher eine wundersame melodische Wendung. In den wechselnden Harmonien und dem Abschwung der Gesangslinie fängt die Melodie hier den ganzen Schmerz von Paradies und verlorenem Paradies ein.

Glockenhell gesungen, schließt sich der bekräftigende Refrain an, der den melodischen Glanz der Strophen weiterführt, überhöht und mit seinen Sextsprüngen symbolisch den »Riesen« und das »Große Herz« anzudeuten scheint. Auch hier, in einer grundsätzlich sehr einfachen Harmonik, tauchen feine Pinselstriche des Liedermachers auf: die h-Moll-Eintrübung auf »Fantasie«, gefolgt von der prächtig über eine Oktave hinuntersegelnden Phrase »Auf deinen Flügeln aus Gedanken«. Die perkussiven Schläge in der Einleitung und im Zwischenspiel akzentuieren den Wunsch und die Botschaft, wie sehr sich in Kindern Mut, Freiheit, Widerspruchsgeist und Liebe manifestieren sollten. Der Gesamtklang, der diese Botschaft transportiert, vereint in nicht ganz vier Minuten Kraft und Melancholie, Geschmeidigkeit und Eleganz.

Jemand, der seit seiner Schulzeit auf »Flügeln aus Gedanken« segelte, und dies zweifellos in Opposition zu vorherrschenden Meinungen seiner Zeit – das war der Flugpionier Otto Lilienthal. Ihm widmet Mey auf seinem Album »Leuchtfeuer« das fast achtminütige Lied »Lilienthals Traum«, das den letzten Flug des Himmelsstürmers am 9. August 1896 im brandenburgischen Stölln schildert; Lilienthal stürzte bei diesem Flugversuch ab und verstarb einen Tag später. Der Sänger wird von den Berliner Philharmonikern begleitet, was dem Lied eine orchestrale Souplesse und Grandezza verleiht, die ihrerseits wiederum Lilienthals geschichtliche Bedeutung als Flugpionier widerspiegelt. In fünf Strophen zu je zehn Zeilen breitet Mey Leben und Sterben Lilienthals aus, und die Art der Melodieführung und Meys Vortrag haben durchaus etwas Weihevolles an sich. Wie ein Anheben sind die Zeilen neun und zehn der Strophen komponiert, wie als Startrampe nicht nur zum Refrain, sondern gleichsam physisch in die Luft: in aufsteigenden ganzen Noten, die Erwartung und Schweben vorwegnehmen.

Textlich sind es zunächst die Störche, die Lilienthal beobachtet (»Dem Flug der Störche nachzusehn auf schwerelosen Bahnen,/Ihr Aufsteigen, ihr Schweben zu begreifen und zu ahnen«), doch dann ist es der Flugpionier selbst, der es ihnen gleichtut: »Man kann die Sehnsucht nicht erklär'n, man muss sie selbst erleben:/Drei Schritte in den Abgrund und das Glücksgefühl zu schweben!« Es ist eindrücklich, wie Mey – ebenfalls Pilot – sich und die Hörer mitnimmt in diesen Moment der Schwerelosigkeit, in dem Unerklärliches, Unbeschreibbares passiert, in dem der Mensch sich, den Vögeln gleich, in die Luft erhebt. In dem Moment im Lied nämlich, in dem der Schritt vom Flughügel hinausgetan wird, in dem sich die mit Baumwolle bespannten Weidenholzflügel und mit ihnen der Mensch in die Luft erheben: In diesem Moment schweigt die Musik kurz ganz. Für einen Moment herrscht absolute Stille, bevor der Sänger mit einem Staunen in der Stimme ansetzt: »Du kannst fliegen – (Pause) – ja (Pause) du kannst!«, nur zart vom Orchester begleitet, um nur ja die Magie des Abhebens und Gleitens nicht zu zerstören.

Zwar ist mit dem Tod Lilienthals auch der Fall des Ikarus (»Ikarus«, 1975) präsent, wenn es im Text heißt: »durch eig'ne Kunst, ins Sonnenlicht aufsteigen«; im Zentrum steht aber die Vision des Fliegens an sich, von pulsierenden Streichervierteln angetrieben und im Refrain nacheinander von Klarinette, Oboe und Flöte eingefärbt. Und diese Vision, hier ganz reell gemeint, ist wie in »Du bist ein Riese, Max!« zweifellos gleichzeitig auch symbolisch zu verstehen: »Breite die Flügel, du wirst seh'n: / Du kannst fliegen, ja, du kannst!«

»Es gibt keine Maikäfer mehr«, 1974
»Maikäfer fliege«, 1994

MAIKÄFER

Die Einsicht in die Vernetztheit allen Lebens hat sich seit den 1970er-Jahren durchgesetzt. Vernetztheit, die auch Verletzbarkeit meint – und die Notwendigkeit, unseren Blick nicht nur auf das Private, sondern auch auf das Gesamte zu richten. Reinhard Mey hat dies früh anhand der Maikäfer dargestellt, denen er zwei Lieder gewidmet hat. Gemeinsam umschließen sie das private und das öffentliche Universum: das Paradies und die Vertreibung aus demselben. Den Maikäfer, nicht zuletzt durch die klangliche Analogie Mey – Mai, wählte der Liedermacher als eine Art persönliches Wappentier wie auch als Namenspate für seinen Verlag. Und er ist, wenn auch durch seine massenhafte Verbreitung in periodischen Maikäferflugjahren oft als Plage verteufelt, seit Jahrhunderten Teil der deutschen Kulturgeschichte. Prominent präsent ist das Tier in Wilhelm Buchs Bildergeschichte »Max und Moritz« (1865) und in Gerdt von Bassewitz' Märchen »Peterchens Mondfahrt«

(1912). Reinhard Mey schreibt diese Kulturgeschichte der Maikäfer weiter und wählt sie in seinen beiden Liedern als Symbol für persönliche und gesellschaftliche Reflexionen.

Da ist zunächst »Es gibt keine Maikäfer mehr«, ein früher Klassiker aus dem Jahr 1974. Es ist ein Lied, das den Stempel seiner Zeit trägt – Ölkrise, Zivilisationskritik, die Entstehung der Umweltbewegungen zu Beginn der 1970er-Jahre. Dennoch ist es auch Jahrzehnte später noch zeitlos aktuell: in einer Welt des Insektensterbens, der Biodiversität, des Klimawandels. Mit einem Oktavsprung setzt das Lied zu einer großen erzählerischen Geste an, die gleichsam ein Erinnerungsfenster in eine vergangene Zeit öffnet. Die Verse, trotz des vorherrschenden Dur mit einer Patina von Melancholie überzogen, lassen die Zuhörer in einem nostalgischen Panorama teilhaben daran, »wie das früher hier mal aussah«. 1974: Dies ist die Zeit, als der Illustrator Jörg Müller 1973 und 1976 legendäre Bilderbücher über die Zersiedelung der Landschaft schuf (1977 hat Mey mit »Der Bär, der ein Bär bleiben wollte« eines von Jörg Müllers Themen in einem weiteren Umweltlied aufgegriffen).

Von hier, vom damaligen Heute, schweift Meys Blick zurück in seine Kindertage im Berlin der Nachkriegsjahre. Damals konnten noch ganze Schuhkartons voller Maikäfer gesammelt werden, bevor Insektizide den Käferschwärmen den Garaus machten. Das Verschwinden der Käfer wird jeweils erst ganz am Ende der Verse ausgesprochen, wenn anstelle eines eigentlichen Refrains das Fazit ertönt: »Würd' ich heut' noch einmal loszieh'n/blieb mein Schuhkarton wohl leer.« Auf diese Worte erfolgt der Wechsel nach Moll; dreifach absteigend fasst eine melodische Phrase die Hoffnungslosigkeit des Maikäfersammelns in Töne, in die Erkenntnis mündend: »Es gibt keine Maikäfer mehr.« Die Tonalität ist dunkel geworden, die Tiere sind verschwunden – und mit ihnen die Hoffnung.

Gegen Schluss des Liedes lässt der Sänger diese Aussage noch kulminieren, notiert er doch nun auf ein Birkenblatt ein Käferrequiem und folgert fatalistisch: »Vielleicht ängstigt mich ihr Fortgeh'n, denn vielleicht schließ' ich daraus, / Vielleicht geh'n uns nur die Maikäfer ein kleines Stück voraus.« So führt der poetische Bogen des Liedes von der Kindheit ins Erwachsenenalter und spiegelt im Heranwachsen und im Erkennen der Veränderung die Existenzangst um eine bedrohte Umwelt. Innen- und Außensicht verbinden sich, Rückblick und Prophezeiung: Der Erinnerung an das Paradies folgt die Vertreibung aus demselben. Mey orakelt, es gebe vielleicht Wichtigeres, als das Verschwinden der Maikäfer zu untersuchen, meint dabei aber das Gegenteil. Damit hat dieses Lied schon 1974 anhand einer Kindheitserinnerung das Einwirken des Menschen auf die Natur und die gegenseitigen Abhängigkeiten festgehalten.

Von der universellen Ebene verlagert »Maikäfer fliege« von 1994 das Geschehen ins Private. Auch hier erscheint zunächst der nostalgische Blick zurück. Wir sehen, wie das krabbelnde Kleinkind (des Erzählers) einen ebenfalls krabbelnden Maikäfer findet, und hören, wie »eine Kinderstimme singt«: »Fliege fort von meiner Hand.« Im Verlauf des Liedes verfolgen wir das Aufwachsen des Kindes bis hin zum »großen Flügelschlag«, der Ablösung vom Elternhaus. Die Aufforderung »Maikäfer fliege!« wird nun als Metapher verstanden, als symbolisches In-die-Welt-Hinausfliegen des erwachsen gewordenen Kindes. Schmerz und Trauer über den Verlust schwingen mit, doch anders als beim früheren Maikäferlied ist dieser Abschied notwendig und nicht mit Bedrohung verbunden.

Dies widerspiegelt sich auch musikalisch, denn »Maikäfer fliege« ist in leuchtendes D-Dur getaucht. Nach einem beschwörenden kurzen Intro mit Akkordeon und Grillenzirpen (das auf den Live-Aufnahmen leider fehlt) ist die Szenerie des Liedes schon nach den ersten Texttakten (»Einer von diesen Frühsommertagen / die hell und voller Versprechen sind«) in voller Leuchtkraft ausgebreitet. »Maikäfer fliege« ist fast ungebrochen hell, reflektiert aber nicht ohne nachdenkliche Schatten Alter, Vergänglichkeit und Verantwortung. Mey verwendet lediglich die drei Grundakkorde Tonika, Dominante und Subdominante, und in dieser Schlichtheit und der fanfarenartigen Anrufung zu Versbeginn und im Refrain erinnert »Maikäfer fliege« an ein Volkslied.

Gar nicht weit und reich an Assoziationen ist es von hier zum jahrhundealten Volkslied »Maikäfer flieg«, dessen Titel Mey um nur einen einzigen Buchstaben erweitert. »Maikäfer flieg«, jenes Kinderlied aus dem wohl frühen 17. Jahrhundert, das in seiner Kombination von lapidarer Melodie mit elementarem, ja brutalem Text, immer noch Rätsel aufgibt: »Maikäfer, flieg. / Der Vater ist im Krieg. / Die Mutter ist im Pommerland, / Pommerland ist abgebrannt. / Maikäfer, flieg.« Der Text: so hart wie vielleicht ein Kinderleben zu jener Zeit; die Melodie: an Schlichtheit nicht zu überbieten; die Begleitung auf nur zwei Akkorde (Tonika und Dominante) reduziert. Es wurde gesagt, dass, wenn man diesen Text einst sang, man über das Leben Bescheid wisse. »Maikäfer flieg« wird zur selben Melodie wie »Schlaf Kindlein schlaf« gesungen. Es sind zwei Texte gleichsam wie die beiden Seiten einer Medaille: Ausgesetztsein im Leben – Behütetsein im Leben. Was einzig als Hoffnung bleibt in diesem alten Lied ist das Symbol des Maikäfers, der von der Kinderhand oder vom Baum abhebt, Hoffnung und Zuversicht symbolisierend.

Mit »Maikäfer fliege« hat Mey das uralte Lied quasi neu geschrieben, als tröstlichen Kommentar in einer behüteten Welt: Genau so sollte sich ein Kinderleben entfalten können. Und mit »Es gibt keine Maikäfer mehr« erschließt sich gleichzeitig der Blick auf die Außenwelt, auf die bedrohte Kinder- und Menschenwelt, für die der namensgebende Käfer wiederum als Liedsymbol dient. So schließt sich von dem uralten Volksliedgut der Kreis zu den beiden so viel später entstandenen Maikäfer-Liedern Reinhard Meys, die ein Blick in die Vergangenheit, in die Gegenwart und Zukunft sind, die das Private und das Öffentliche verbinden, die Liebe und die Sorge um das Geliebte – zwei Universen im Maikäferflug.

»Herbstgewitter über Dächern«, 1972
»Sommermorgen«, 1980
»Wir«, 1990

LIEBE

Der Liebe als höchstem, allerhöchstem Gut: Ihr hat Reinhard Mey eine lange Reihe von Liedern gewidmet und dabei das Glück zelebriert, aber auch den Schmerz nicht verschwiegen. »Manchmal, da fallen mir Bilder ein« lautet ein Lied seines 1969 erschienenen zweiten Albums – und es sind solche Impressionen, Natur- und Stadtbilder, gerahmte Szenen quasi, die in einem seiner schönsten frühen Liebeslieder erscheinen, »Herbstgewitter über Dächern« aus dem Jahr 1972. Das Lied ist schlicht gebaut, es kommt ohne Refrain aus und wiederholt den Melodiebogen von 16 Takten in vier Strophen. Es ist ein Liebeslied mit zwar zu erwartendem Fazit – die Liebe gibt, in der Liebe erfüllt sich alles –, dennoch mit lyrisch äußerst poetischer Herleitung: Alle Äußerlichkeiten, seien sie auch noch so prächtig, sind zu entbehren für das Beieinander. Zunächst sind es jeweils viermal zwei Takte, die sich zusammenbinden (»Herbstgewitter über Dächern, Schneegestöber voller Zorn, /

Frühjahrssturm im Laub vom Vorjahr, / Sommerwind in reifem Korn.«), in jeweils neuen Gesten, die melodisch alle abwärts gerichtet sind. Dann der impulsive Gestus nach oben, Beschwörung, Spannung, Erkenntnis (in der vierten Strophe: »Hätt' ich all das nie erfahren, hätt' ich all das nie erlebt«), der sich wieder löst und entspannt, in der Einsicht: »schlief' ich ein in deinen Armen / Sagt' ich doch, ich hab' gelebt.« Von äußeren Bildern zu inneren, von der Aussicht zur Einkehr. Die Liebe ist alles, was zählt – und es ist seltsam, dass dieses Stück, das eigentlich in strahlendem A-Dur steht, doch einen wehmütigen Ton in sich trägt, als stünde es in der Paralleltonart fis-Moll.

War »Herbstgewitter über Dächern« an Meys erste Frau Christine gerichtet, so widmet er »Sommermorgen«, acht Jahre später, seiner zweiten Frau Hella. Das Lied ist in Des-Dur gesungen, einer Tonart in allerwärmsten Farben. Und es ist genau diese Wärme und Stimmung, die das Lied transportiert, die eines hellen Sommermorgens, aus dem sich eine zärtliche Gitarrenmelodie erhebt. Nicht nur die Tonart stimmt, auch das Tempo ist perfekt, es ist das einzig richtige tempo giusto für diesen Zwischen- und Dämmerzustand bei Tagesanbruch, das Tempo, in dem der Tag erwacht und Geräusche des Morgens langsam ins Bewusstsein und die endenden Träume sickern.

»Sommermorgen« ist ein Lied, das in seiner Zartheit und Innigkeit, in seiner Behutsamkeit, beinahe stillsteht. Nachdem er seine Stimme über eine Oktave inbrünstig erhoben hat (»Wie gern mag ich die hellen Sommermorgen«), stoppt Mey, macht eine Kunstpause von sieben Viertelschlägen, bevor er sanft den Strophenschluss ins

Morgenlicht setzt: »Wie lieb ich dich.« Von Neuem setzt das Gitarrenintro ein, das traumwandlerisch zart die Des-Dur-Tonleiter emporklettert, mit einem Septimsprung in die Tiefe wieder Atem holt und zur Ausgangstonart zurückfindet. Es ist ein Zwischenspiel, das die Gesangsstrophen zusammenbindet und das Stück mit einem Glanz sommerlichen Lichts, von Liebe und Geborgenheit, überzieht.

Es ist Reinhard Mey hoch anzurechnen, dass er nicht nur von den Sonnen-, sondern auch von den Schattenseiten der Liebe singt. »Wir« aus dem Jahr 1990 ist so viel bitterer als »Sommermorgen«, aber nicht weniger schön in seiner Trauer, in seiner Aufrichtigkeit und in den melancholischen Gitarrengirlanden, die die Melodie über die Gesangspausen weiterführen. Es ist die Desillusion im Alltag, die Entfremdung vom Partner, der Schmerz auch über die Abnabelung der Kinder, das Ende von Träumen, das hier besungen wird. Wenn der Partner nicht mehr an die Türe kommt zur Begrüßung, dann heißt es: »Und es gibt nichts zu sagen, / Und da sind keine Fragen / Und auch keine Antwort darauf.« Es ist diese Verletzlichkeit, die dem Lied eine grandiose Tiefe und Authentizität verleiht: »Und Tage kommen, Tage gehen, / Und so fliegt mein Leben dahin. / Wag' nicht in den Spiegel zu sehen, / Wie müde ich geworden bin. / Und von so vielen Plänen / Bleiben Scherben und Tränen / Und nur die Frage nach dem Sinn.«

Mey singt das Lied in E-Dur, einer traditionell festlichen, leuchtenden Tonart – die hier quasi ad absurdum geführt wird, denn dies ist sicherlich das traurigste E-Dur, das man sich vorstellen kann. Fast nur die Gitarre ist zu hören, behutsam mit Streichern grundiert, und darüber hangelt sich die Melodie von einem schmerzlichen Harmoniewechsel zum nächsten. Die Zeilenenden beugen sich melodisch abwärts, ins Dunkle, während die Gitarrentöne in den kurzen Gesangspausen schmerzlich und zerbrechlich nach oben streben, dem Licht entgegen. Es sind tieftraurige Schatten, die Mey besingt, doch mit der letzten Strophe ergreift er den berühmten Strohhalm: Er fragt nach Vergeben, nach dem Miteinander, nach einer neuen Chance für die Liebe. Das allerallerletzte Wort des Liedes ist sein Titel, der bis hier aufgespart bleibt: »WIR« – Quintessenz, die zuallerletzt ausgesprochen wird, Hoffnung, die in diese allerletzte Silbe gelegt wird. Das Lied klingt auf der Grundtonart E-Dur aus, die auch hier immer noch nach Schmerz klingt. Doch vielleicht ist symbolisch auch in diesen E-Dur-Schlussakkord sein eigentlicher Glanz eingebettet, ein Glanz, den nach der Läuterung die Zukunft bringen mag.

»Lied zur Nacht«, 1969
»Alles ist gut«, 1979
»Gute Seele«, 2010

SCHUTZ

Die 1960er-Jahre in Berlin sind eine Zeit im Schatten des Kalten Krieges: Die Abriegelung Westberlins von der umgebenden DDR durch die Zonengrenze ist als tödliche Bedrohung allgegenwärtig. Ab 1961 erhielt diese Abriegelung durch den Mauerbau ihr endgültiges, abschreckendes Gesicht. Wenn Reinhard Mey, dessen Elternhaus in der Nähe der tödlichen Grenze lag, in seinem frühen und zerbrechlichen »Lied zur Nacht« vom Mündungsfeuer am Horizont und von den schlafenden Bluthunden singt, dann mag er diese innerdeutsche Grenze meinen. Das »Lied zur Nacht« mag aber auch jede andere Form der unmittelbaren und existenziellen menschlichen Bedrohung besingen, und den wertvollen flüchtigen Moment von Schutz und friedvoller Geborgenheit, der sich Verfolgten darbietet. »Rück deinen Sessel zu mir her / Zieh den Vorhang zu / Heute Nacht kommen sie nicht mehr / Heute ist noch Ruh.«

Die melodische Gestaltung dieses Beginns ist ungewöhnlich. Die Singstimme landet jeweils nach einem Sext- oder sogar Septimfall auf dem tiefen g. In den großen Sprüngen scheint die Spannung und Angst symbolisiert, aber gleichzeitig auch gebannt – als Geste des Beruhigens, der Besänftigung, mit der diese Spannung und Angst gelindert werden soll. »Wir sind alleine auf der Welt«, heißt es im Text, der rhetorisch fragt: »Ob unser Weg hier enden soll? / Ob wir den Morgen sehn?« Doch im kurzen Moment des Innehaltens, der Sicherheit, erhebt und senkt sich die Stimme des Sängers in den weiten Melodiesprüngen, wie ein großer, tiefer Atem, wie der Abend zur Nacht und zum erlösenden Schlaf: »Rück dein Kopfkissen zu mir her, / Vergiss die Angst, / Ich zähl dir Schäfchen, tausend und mehr, / Bis du schlafen kannst!« Obwohl das »Lied zur Nacht« in einem 4/4- und nicht in einem 3/4-Takt steht, wirkt es wie ein zartes, zärtliches Wiegenlied. Es ist eine tröstliche, jedoch jederzeit fragile, jederzeit zu zerbrechen drohende Idylle. Das »Lied zur Nacht« ist ein Wiegenlied im Auge des Hurrikans.

Ein »Lied zur Nacht«, mit dem Schlaf als erlösender Quelle des Erbarmens, als Quelle von Geborgenheit und Zuflucht, das ist auch »Alles ist gut«, genau zehn Jahre später, 1979 auf dem Album »Keine ruhige Minute« veröffentlicht. »Alles ist gut« ist Schlaflied für ein Kind und gleichzeitig tröstende Versicherung an uns alle, die viermal pro Strophe ausgesprochen wird.

Das Lied beginnt mit dieser Zeile: »Alles ist gut« – und der beruhigende Puls des Liedes und sein sanftes Klangbild vertiefen dessen Aussage sogleich: »Für ein paar Stunden neigt sich Frieden über uns'ren Meridian.« Dann, ein zweites Mal: »Alles ist gut«, mit einem tiefen Atem, einer großen Geste, einer Beruhigung, einem

Septsprung – ganz vergleichbar wie im frühen »Lied zur Nacht«! Und dann, über zehn Takte, sind »für die Dauer eines Traumes« nicht nur Hass und Neid und alles Böse vergangen. Auch die Melodie wächst symbolhaft empor, stufenweise vom d ins h ansteigend, sich wie eine Blüte im Sonnenlicht entfaltend: Symbol von Hoffnung und Utopie. Danach wird die Strophe mit einer nochmaligen zweifachen Bekräftigung »Alles ist gut« abgeschlossen, auf- und ab- und wieder aufsteigend. Das kompakte, harmoniegesättigte Klangbild des Liedes wird von weichen Streichern dominiert. Zusätzlich werden die Silben »Alles ist« zweimal auf drei Vierteltriolen gedehnt – eine Geste, die gleichzeitig akzentuierend und beruhigend wirkt. Der Schlaf nimmt für ein paar Stunden alle Last von den gebeugten Schultern, und ihm gleich tut es dieses Lied, das in seinem sanften Ton und seinem tröstlichen Text symbiotisch mit seinem Titel ist: Spiegelbild von Schutz und Loslassen.

Äußere Bedrohung und die schützende Geborgenheit in Familie und Freundschaft: Mey macht dies immer wieder an konkreten Begebenheiten deutlich. Seine konkreten Beispiele laden ein zur Identifikation, sie übersetzen Persönliches ins Allgemeingültige. Paradebeispiel hierfür ist etwa das bekannte Lied »Zeugnistag« von 1979, in dem Meys Eltern in die Schule vorgeladen werden, um ihren Sohn, der ihre Unterschriften zwecks Kaschierung seiner miserablen Noten fälschte, bloßzustellen. Die Eltern jedoch: Sie geben die gefälschten Unterschriften als ihre eigenen aus, breiten einen schützenden Mantel über ihren Sohn. Im Lied »Gute Seele« auf dem Album »Mairegen« werden, viele Jahre später, einige solcher Episoden aus der Kindheit und Jugend retrospektiv, unaufdringlich und zart beleuchtet. Die Protagonisten sind ein Schulfreund, ein Polizist, ein Nachbarsmädchen. Und gleich diesen wertgeschätzten guten Seelen von einst ist »Gute Seele« ein kostbares kleines Stück Musik, das für diese Wertschätzung und den dargebotenen Schutz auch das passende akustische Äquivalent findet. Die tiefer gewordene, sonore Stimme des Sängers legt sich im Refrain über einen zarten Teppich aus Gitarren, der vom A-Dur-Refrain mit einer kurzen Gitarrengirlande unvermittelt in die Strophen nach a-Moll kippt. Die Verse schildern den Schutz, der dem jungen Mey zuteilwird. Und die kurzen Melodiebögen des Refrains, in dem sich jeweils 2+2 Takte zusammenschließen, scheinen schützenden kleinen Händen gleichsam nachempfunden zu sein. »Und mein Blick erinnerungswärts / Wärmt mir die Seele, wärmt mir das Herz!«, heißt es im Refrain – und gleich tut es dieses Kleinod mit der Seele der Zuhörenden.

»Poor Old Germany«, 1980
»M(e)y English Song«, 1985

WANDEL

»Und nun weht hier sein blaues Band«, singt Reinhard Mey 1985 in seinem »Frühlingslied« auf dem Album »Hergestellt in Berlin« – es ist zweifellos eine Reminiszenz an Eduard Mörike, der 160 Jahre zuvor das vielleicht berühmteste deutsche Frühlingsgedicht mit den Zeilen beginnen ließ: »Frühling läßt sein blaues Band/Wieder flattern durch die Lüfte;/Süße, wohlbekannte Düfte/Streifen ahnungsvoll das Land.«

Den deutschen Klassikern – nicht Mörike, aber Schiller, Goethe, Heine, Fontane – wird 1980 in »Poor Old Germany« ein Denkmal gesetzt und ihrer mit Wehmut gedacht, denn ihre Sprache, das Deutsche, wird von zunehmenden Anglizismen bedrängt. In der Tat drang das Englische ab 1950 – durch die Verbreitung von Lifestyle, Fachsprache, Werbung und Film sowie der Tatsache, dass es zur ersten Fremdsprache wurde – immer stärker in die deutsche Alltagssprache ein. Der Liedermacher reagiert darauf nicht mit Wut, sondern mit

Trauer, die in ihrem fatalistischen Ton vielleicht deshalb umso stärker wirkt.

»Poor Old Germany« ist auf eine seltsame Art mit einem sehr nostalgischen Glanz überzogen, der die Aussage des Textes perfekt widerspiegelt. Liegt es am von der Perkussion akzentuierten, leicht schleppenden Duktus, der so gar nichts Beschwingtes an sich hat, ja eher an den Duktus eines Trauermarsches erinnert, dass dieser Eindruck entsteht? An den wehmütig einstimmenden Bläsern oder der volksliedartigen Melodie mit kleinen Bewegungen und vielen Terzen? Es ist eine Melodie, die dreimal mit einer wundersam melancholischen Kadenz Es-F-B-gm in einem Septim-Oktavraum abgeschlossen wird. »Sorry for you, Freddy Schiller«, singt Mey. »Sorry for you, Johnny Goethe / Sorry poor old Germany«, und beim dritten Mal: »Schade für uns, wie ich meine, / Sorry, dear old Germany.« Es ist ein Strophenschluss des Bedauerns, gleichsam eine Kapsel der Wehmut.

Die dritte Strophe dann nimmt Tempo (Drive!) auf und gleichzeitig Bezug auf Fontanes Gedicht vom Herrn von Ribbeck auf Ribbeck im Havelland. Sie schildert den Freiherrn und Kinderfreund als Dealer, der nun Joints an seine Urenkel verkauft. Nach dieser Passage pendelt die vierte Strophe nochmals in den Anfangsgestus mit den Worten: »Weiß nicht, was soll es bedeuten, / Deine Worte sterben aus, / Sind nicht mehr ›in‹ bei den Leuten, / Jetzt spricht alles wie die Micky Maus.« Die berühmten Anfangsworte dieser Strophe schlagen den Bogen zurück zu Heinrich Heines Loreley-Lied von 1824 und Friedrich Silchers berühmter Vertonung, dem Bild latenter Bedrohung, in dem es heißt: »Ich weiß nicht was soll es bedeuten, / Dass ich so traurig bin; / Ein Märchen aus alten Zeiten, / Das kommt mir nicht aus dem Sinn.« Die Analogie, dass die englische Sprache die deutsche verschlingt, wie die Loreley den Fischer auf dem Rhein ins Verderben zieht – sie ist vielleicht zu weit hergeholt, mag als Ahnung aber mitschwingen.

Ist »Poor Old Germany« von Wehmut und Fatalismus durchdrungen, so wählt der Musiker in »M(e)y English Song« den Weg des Komödiantischen, der Parodie. Er erfindet einen »englischen« Song, um, so der Songtext, »mehr Platten zu verkaufen« und dem Zeitgeist zu entsprechen. Dies zu einer Zeit (1985), als sich die Liedermacher der Mey'schen Generation ohne Frage zunehmender Konkurrenz ausgesetzt sahen, als deutschsprachige Populärmusik aber durchaus wieder en vogue war (mit der Neuen Deutschen Welle um 1980 und dem darauf einsetzenden deutschen Hip Hop). »M(e)y English Song« ist sicherlich eine der vergnüglichsten Persiflagen im Repertoire des Sängers. Sie schlägt einen direkten Bogen zurück zu »Daddy Blue« aus dem Jahr 1979, der die künstlich-kommerzielle Produktion eines Stars aufs Korn nimmt, verweist aber vielleicht auch auf eigene Erfahrungen. Denn 1970 publizierte Mey sein einziges englischsprachiges Album, »One Vote for Tomorrow« – und beim Hören ist offensichtlich, wie viel weniger dieses Idiom zu Meys Liedmaterial passt als seine Muttersprache, als das von ihm kongenial als Frédérik Mey adaptierte Französische, aber auch als sein Ausflug ins Holländische Mitte der 1970er-Jahre.

Hier nun also, in »M(e)y English Song«, kokettiert er selbstironisch mit einer eigenen Anglisierung und Popularisierung, deren »Opfer« er selber ist, und er scheitert bewusst und grandios. Auf den treibenden

Beat legt der Sprechgesang ein mit Fehlern gespicktes Englisch, das die Situation des deutschsprachigen Liedermachers ironisiert: »A poor little sausage was I, / When I in german sang, oh my … / I could not english, but quite cool, / I learned it at the Folks-High-School. / Now my producer says me: Well, / What do we now for records sell!« Der beatlastige Groove, im Refrain von zwei Background-Sängerinnen effektvoll auf »oh baby, oh yeah« grundiert und von elektronischen Effekten begleitet, korrespondiert in Instrumentierung und Produktion mit »Ich hasse Musik« auf demselben Album (»Hergestellt in Berlin«). Es ist ein doppeltes Plädoyer für Authentizität und Natürlichkeit und gegen reinen Kommerz in der Musik. Zwei Positionen berühren sich hier und in den folgenden Jahren. Der Sprachkünstler Mey votiert in seinem ganzen Werk für den Reichtum und die Aussagekraft der eigenen, der deutschen Sprache. Der Musiker Mey jedoch zeigt sich mit fortlaufender Entwicklung seiner Karriere ab den 1990er-Jahren durchaus wandlungsfähig. Seine Lieder werden nun stilistisch vielfältiger und integrieren verschiedene Stile der englisch geprägten Populärmusik – Country, Irish Folk, Blues.

»Hauptbahnhof Hamm«, 1967

»3. Oktober '91«, 1992

»Drei Stühle«, 1996

FREMD

Im Zeitalter des Wirtschaftswunders, als Arbeitskräfte Mangel waren, zogen ab 1955 Gastarbeiter in die Fremde, nach Deutschland, Österreich, in die Schweiz. Sie kamen zunächst aus Italien, dann aus Spanien, Griechenland und der Türkei, aus Portugal, Marokko, Tunesien und Jugoslawien. In einer noch überhaupt nicht multikulturell geprägten Gesellschaft waren sie als willkommene Arbeitskräfte »zu Gast« – gleichzeitig aber auch fremd, und sie brachten erstmals einen Touch Exotik, kulturelle und kulinarische Traditionen mit in ihre Gastländer, in denen sie eine neue Heimat suchten.

Dieser damals ungewohnten Begegnung der Kulturen, »wenn sich der Süden in den Norden verirrt«, widmet Reinhard Mey sein frühes Chanson »Hauptbahnhof Hamm« aus dem Jahr 1967. Es beschreibt die abendlichen Stunden, wenn sich die Gastarbeiter im Wartesaal die Zeit vertreiben und aus demselben ein Basar wird, die Zeitspanne bis nach Mitternacht, wenn alle weiterreisen und »die Windrose« verblüht. Das Lied stammt aus einer vergangenen Zeit, lange vor dem Balkankrieg, lange vor 9/11, vor Terroranschlägen, der AfD und den Migrationsströmen des 21. Jahrhunderts. Die kleine fremde Welt der Exotik, die hier plötzlich hereinbricht, wird noch als Bereicherung empfunden – und so breitet der Sänger ihr im »Hauptbahnhof Hamm« auch musikalisch eine kleine Bühne aus.

Die drei Strophen aus je 24 Takten öffnen quasi einen Theatervorhang: zwei Takte, die sich harmonisch zur Dominante öffnen, zwei Takte, die sich wieder zur Tonika schließen, zwei Takte, die sich wieder öffnen (diesmal zur Mollparallele) und sich wiederum zur Tonika schließen, und dann acht Takte bis zum Strophenschluss, in deren Mitte eine nur leichte Trübung durch den direkten Wechsel von G-Dur auf g-Moll erfolgt. Mit warmer Empathie wird der Fächer aufgeklappt, mit Neugierde eine heile Welt ausgebreitet, in der sich Fremde und Einheimische begegnen: eine Theaterbühne des Neuen, der Heimat, der Sehnsucht. »Hauptbahnhof Hamm« wirkt heute wie eine nostalgische Fotografie in Sepiatönen, in der es noch möglich war, ganz unbefangen zu singen: »Und wenn der Lärm das Grau versteckt, / Hält das Signal sich für ein Minarett, / Der Zeitungsmann sich für den Muezzin,/Der Bahnhofsvorsteher für Mohammed, / Und heißt die Züge gen Mekka zieh'n.«

Zwanzig Jahre später, kurz nach der Wende, hat der Wind gedreht, und Reinhard Mey schlägt in seinem Lied »3. Oktober '91« thematisch eine Brücke zum frühen »Hauptbahnhof Hamm«. Die unschuldige, kleine exotische Welt von einst ist Vergangenheit, Ausländerfeindlichkeit und Gleichgültigkeit sind an ihre Stelle getreten. »3. Oktober '91« schildert schnörkellos die Ermordung des türkischen Gastarbeiters Mehmet nach 24 Jahren im deutschen Exil, das ihm zur Heimat geworden war, ausgerechnet am Tag der deutschen Einheit. Das Chanson ist in einer Gegenwart angekommen, in der Aggression an die Stelle exotischen Interesses getreten ist. Isst man im »Hauptbahnhof Hamm« noch gemeinsam Pizza und trinkt Pastis, so ignorieren am »3. Oktober '91« die Passanten das niedergestochene Opfer. Mey schlüpft hier ganz in die Rolle des Chronisten: Er schildert, damit nicht vergessen wird. Das Lied ist ein klassisches, empathisches Gitarren-Protestlied, mit seiner klagenden Gesangslinie zur kargen Begleitung durchaus ein Vorläufer der »Kinder von Izieu« zwei Jahre später. Der Text dominiert die Melodie, und weil es um Fakten und nicht um Dekor geht, steuert nur das Saxofon elegische Einsprengsel zu dieser Anklage bei: Mahnung und Abgesang zugleich.

Das als fremd Wahrgenommene – es ist nicht nur flüchtige Erfahrung wie im »Hauptbahnhof Hamm« von 1967, es erscheint nicht nur als Auslöser für Bedrohung und Gewalt wie in »3. Oktober '91«, und es ist nicht nur exotisches Sehnsuchtsbild wie in »Dunkler Rum« von 1992. Sondern es wird zuweilen sehr plastisch positiv erfahren für Körper und Geist: in der italienischen Tarantella von »In Lucianos Restaurant« von 1990 oder, einer Art Zwillingsstück in Geist, Tempo und Instrumentierung, in »Drei Stühle« von 1996. Ist es dort die Mandoline, die für südliches Kolorit sorgt, so ist es hier die Bouzouki, die griechische Laute, die den Hörer in einem von traditioneller Volksmusik inspirierten Stück in die Ägäis versetzt.

Mey schildert eine Tavernenszene, in der er, der Fremde, als Freund auf- und angenommen wird: »Da ist kein Misstrauen, da ist kein Neid. / Und da ist Frieden, da ist Zeit. / [...] / Das ist ein Ort, an dem dein Herz gesunden wird.« Der drehende, volksmusikartige Gestus des Liedes wird im Refrain weicher und wärmer, gegen Ende des Refrains, den Mey tatsächlich auf Griechisch singt, sehnsuchtsvoll gedehnt. Wie in »Dunkler Rum« und »In Lucianos Restaurant« komponiert Mey auch in »Drei Stühle« eine folkloristisch gefärbte 6/8-Bewegung: Die positiven Gefühle in der Begegnung mit dem Fremden scheinen sich jeweils in einem beschwingten tänzerischen Gestus auszukristallisieren. Die Sehnsucht nach unvoreingenommenem Angenommensein, nach Vertrauen, Wärme, Freundschaft, Gesundung: Sie manifestiert sich in diesen sechs Strophen, die in der Ferne ein Stück Heimat suggerieren. Vierzehn Jahre später, in »Paradies«, singt Mey davon, dass sich dieses Paradies dort befindet, wo er schon immer war. Doch hier, in »Drei Stühle«, ist er noch auf der Suche und hat in einem griechischen Refugium eine Oase für seine Seele gefunden.

»Die Kinder von Izieu«, 1994
»Es ist doch ein friedlicher Ort«, 1985
»Alles OK in Guantanamo Bay«, 2004
»Kai«, 2007

MEMENTO

Dass Reinhard Mey Protestlieder geschrieben hat, die hinter den besten Liedern dieses Genres nicht zurückstehen müssen, ist bisher viel zu wenig ins allgemeine Bewusstsein gedrungen. »Die Kinder von Izieu« und »Es ist doch ein friedlicher Ort« sind ein zutiefst bewegendes Balladenpaar, Meys humanes Credo gegen Krieg, Unmenschlichkeit, Verfolgung. Ein ungewöhnliches Statement für Menschenwürde stellt ebenfalls sein Lied zum amerikanischen Gefangenenlager auf Kuba dar, allerdings ins Gewand einer Satire gekleidet. Und gegen Krieg und den sinnlosen Tod junger Menschen wendet sich, desillusioniert, 2007 das Lied »Kai«.

Serge und Beate Klarsfeld, die französischen »Nazi-Jäger«, haben 1991 das Schicksal der deportierten jüdischen Kinder aus dem Waisenheim im südostfranzösischen Izieu dokumentiert, und Reinhard Mey hat ihr Schicksal drei Jahre später im Lied »Die Kinder von Izieu« in ein bewegendes Memorial verwandelt. Leben ist ohne Atmen nicht möglich – und so beginnt der Sänger auf dem Auftakt des ersten Taktes mit seiner Stimme allein: seine Stimme als Memento für die verstummten Stimmen der Kinder von Izieu. Und nach zwei Worten ist das Erlöschen des Lebens bereits deutlich, wird mit der Vergangenheitsform die Tragödie unmittelbar ausgesprochen: »Sie war'n voller Neugier, sie war'n voller Leben.«

Es ist eine große Ballade, die mit diesem Lebenshauch anhebt, ein großer, warmer, empathischer Erzählstrom aus vier Strophen mit je 16 Takten, die ohne Refrain auskommen. Die Verse spannen den ganzen Bogen: Sie situieren das jüdische Waisenhaus in seiner Zeit und sie personalisieren das abstrakte Grauen, indem sie von den Talenten der dem Tod geweihten Kinder erzählen. Mey spricht ihre Vernichtung in Auschwitz-Birkenau aus und er steigert seine Stimme zur Mahnung, nicht zu verharmlosen und nie zu vergessen.

Fast zärtlich setzt der Gesang mit einem Quartsprung ein und bis zur Kernbotschaft »sie war'n wie alle Kinder eben« wird die Melodie in Spannung und Aussage bis zur Oktave gedehnt. Im darauffolgenden Mittelteil jeder Strophe wird der Tonfall nachdenklicher, dunkler, die Töne kreisen gleichsam um eine Achse und den Ton g. Im Schlussteil jeder Strophe wird, an ihren Beginn anknüpfend, das Drama nochmals unerbittlich artikuliert, melodisch variiert mit eindringlichen dreimaligen Sextsprüngen. Mit einem expressiven Gitarrennachspiel nach jeder Strophe lässt Mey uns Hörer durch-, aber nicht aufatmen, denn der akustische Kommentar mit klagenden melodischen Seufzern ist gleichzeitig nur schmerzliches Vorspiel zum Folgenden. Das Drama ist geschehen und kann nicht ungeschehen gemacht werden – und wir Nachgeborenen haben die Pflicht, zuzuhören und Lehren aus dem Vergangenen zu ziehen.

So eindrücklich, wie in die »Kinder von Izieu« die Melodielinie ausgeweitet und eingeengt und das Drama des Textes musikalisch nacherzählt wird, so eindrücklich geschieht dies auch in »Es ist doch ein friedlicher Ort« von 1985. »Es ist doch ein friedlicher Ort« ist das düstere Gegenstück zu Meys Verklärung fliegerischen Glücks in seinem populärsten Lied »Über den Wolken« (1974) oder dem darauffolgenden »Ikarus« (1975), wo die Freiheit jeweils grenzenlos scheint. Und wie in »Die Kinder von Izieu«, das mit einem Lebenshauch beginnt und wo die Tragödie schon nach zwei Worten fassbar ist, verliert der Musiker auch in diesem Antikriegslied keine Zeit. Mit dem Intro (wie »Die Kinder von Izieu« beginnt es mit einer aufsteigenden Quarte) wird der Hörer direkt in die Düsternis katapultiert. Und war es in »Die Kinder von Izieu« das Leben (»Sie war'n voller Neugier, sie war'n voller Leben«), das evoziert wird, so ist es hier das Gegenstück, die Verwüstung, die unmittelbar eintritt mit den Worten: »Wenn ich die Schreckensbilder seh.« Es ist die Kehrseite der Medaille, der Irrsinn menschlichen Handelns, aus dem Frieden verheißenden Himmel Bomben des Verderbens abzuwerfen.

Das Lied ist ebenfalls eine Ballade, eine Erzählung, die scheinbar schlicht, in ihrer Essenz aber kunstvoll daherkommt: mit aparten Akkordwechseln (etwa von F- zu E-Dur oder von d-Moll zu H7) und mit einer Melodielinie, die taktweise kontinuierlich in Ganztonschritten absteigt, bis sie genau auf »bin ich zu Tod betrübt« den symbolisch tiefsten Punkt erreicht. Was dann folgt – der Lichteinfall –, ist eine der schönsten und ergreifendsten melodischen Eingebungen Reinhard Meys. Die flehentliche Bekräftigung »Es ist doch ein friedlicher Ort« setzt genau eine Oktave über »zu Tod betrübt« ein: Die Bitte um Leben erhebt sich über den Tod. Zwischen leuchtenden Dur- und schmerzlichen Mollklängen pendelnd, ist es der empathische Wunsch, der sich gleichsam bildlich und fassungslos über die Schrecken aufschwingt. Der melodische Bogen im Refrain zeichnet Aufsteigen und Landen symbolisch nach. Er hebt an und steigt in den ersten vier Takten »auf Silberschwingen« bis zum höchsten Punkt, dann fällt und schwebt er in den folgenden vier Takten nieder.

»Die Kinder von Izieu« und »Es ist doch ein friedlicher Ort« sind nicht die einzigen Lieder, in denen Reinhard Mey gegen Krieg und Unrecht ansingt und für die Menschenwürde einsteht. 1986 rief er in »Nein, meine Söhne geb' ich nicht« folgerichtig zum zivilen Ungehorsam gegen den Kriegsdienst auf (das Lied wurde 2020 mit Mey und einem Musikerkollektiv eindrücklich neu eingespielt). Und 2004, im selben Jahr, als die amerikanischen Folterungen im Gefängnis von Abu Ghraib publik wurden, erschien »Alles OK in Guantanamo Bay«.

Auch über das Straflager auf Kuba, das nach den Terroranschlägen vom 11. September eingerichtet wurde und sich jeglicher regulären Justiz entzieht, hätte der Liedermacher eine anklagende Ballade schreiben können. Doch er wendet sich musikalisch zur Satire, gemäß der oft geäußerten Einsicht, menschliches Geschehen könne häufig nur mit den Mitteln von Satire und Ironie dargestellt werden. So liefert der Karibik-Sound, irgendwo zwischen Reggae und Calypso, die demaskierende Kulisse zu den Fake News der Propaganda, alles sei OK auf Guantanamo Bay. Mey entschuldigt keineswegs mögliche Täter, sondern klagt das menschenunwürdige Verhalten von Menschen und Staaten, vornehmlich der USA, an, die sich selbst als Hüter der Menschenrechte brüsten. Der Mensch, der – wie in »Die Kinder von Izieu« und »Es ist doch ein friedlicher Ort« – seinesgleichen verfolgt, vernichtet, entwürdigt, der Mensch, der zum Mitwisser, Mitschweiger, Mittäter wird.

Der Sound des Liedes evoziert zunächst die Assoziation »Kuba«, und das Lied scheint, mit seinem rapartigen Sprechgesang auf dem flott groovenden Untergrund, oberflächlicher als die beiden Balladen. Doch der Text ist kompromisslos, und der vordergründig einfache musikalische Touch ist demaskierender Spiegel der vermeintlich heilen Ferienidylle, Symbol auch der hohlen Phrasen, mit denen Unrecht übertüncht wird. Spätestens wenn gegen Ende des Liedes der Gefangenenchor, die Schurkenstaaten und die Achse des Bösen aufgefordert werden, in den Refrain einzustimmen, möchte man schmunzeln angesichts dieses humoristischen Effekts. Aber es ist ein Lächeln, das dem Hörer auf den Stockzähnen gefriert.

Nur drei Jahre nach »Guantanamo Bay« führt das Lied »Kai« die pazifistischen Mahnungen des Liedermachers weiter. Es geht um den gleichen Konflikt, in dem, nun auf anderer Seite, Bundeswehrsoldaten auf »Friedensmission« ins Zielfeuer geraten. »Kai war auf diesem Flug/[...]/Vier Einschüsse im Bug« reimt der Refrain, nachdem den Eltern die tragische Nachricht vom Tod ihres Sohnes überbracht wurde. Es ist eine sehr eingängige melodische Floskel, in die Mey Klarheit, Verletzlichkeit, Empathie legt – sechs Silben, die sich von c aus auf- und niederdrehen und sich dann, mit dem Wechsel nach Moll, mit einem Quintsprung auf »Flug« und »Bug« in die Höhe erheben. Dieser Anlauf und Sprung in die Höhe ist eine einfache und gleichzeitig bezwingende musikalische Geste: Sie mag den Ort des Geschehens, den Ort in der Luft, symbolisieren und betont doch gleichzeitig auch den Schmerz des Geschehenen.

Im Parlando-Ton der Strophen klagt der Sänger an: die Politiker, die von ihrer komfortablen Position aus junge Menschen an die Front schicken. Aber auch: die Mütter und Väter, die sich dem Kriegseinsatz ihrer Kinder nicht konsequent verweigern. Fassungslosigkeit und Einsicht meißelt der Liedermacher in seine Schlussworte: »Gewalt wird neue Gewalt gebären, / Terror wird neuen Terror nähren. / Und wieder ziehen Mütter daraus keine Lehre / Und wieder schenken Väter Söhnen Spielzeuggewehre.« In dieser Botschaft schlägt das Lied Brücken – hin zu »Nein, meine Söhne geb' ich nicht« von 1986 – und ganz weit zurück ins Jahr 1967, wo der Musiker auf seinem allerersten Album, in »Abscheuliches Lied für abscheuliche Leute«, schon den Verkauf von Kriegsspielzeug anprangerte.

»Der Bruder«, 1998

»Weil ich ein Meteorologe bin«, 1975

ANDERS

Wir schreiben das Jahr 1998, 22 Jahre vor der »Black-Lives-Matter«-Bewegung, und wir befinden uns in Reinhard Meys »Der Bruder«, einem Lied vom Album »Flaschenpost«, im tiefsten Süden der USA, auf dem Highway 231 nicht weit vom Golf von Mexiko entfernt. Hier unten entstand der Blues, und so beginnt der Sänger sein Lied in E-Dur mit den typischen tonartfremden blue notes d und g, bevor er in leicht swingendem Groove seine Geschichte rekapituliert.

Es ist 40 Grad im Schatten, das Lied-Ich kommt aus dem Fastfood-Restaurant, steigt in sein Mietauto und verweigert einem Landarbeiter aus latenter Furcht vor einem Überfall durch diesen »bösen Schwarzen« das Mitgenommenwerden. Nach wenigen Kilometern regt sich das Gewissen, der Fahrer dreht, von Reue geplagt um, um diesen »Menschenbruder«, der doch kein Krimineller ist, sondern nur heim wollte, zu fahren, »wohin immer er will«. Als er zurückkommt, ist der Parkplatz jedoch leer – eine Schuld ist entstanden, die nicht wiedergutzumachen ist.

Was Reinhard Mey im Blueston der Südstaaten in diesen sieben Minuten schildert, ist ein Paradebeispiel für Vorurteile und latenten Rassismus. Das Schuldbewusstsein des Erzählers schraubt sich gospelbegleitet hoch zur Liedzeile: »Vielleicht war es der Messias, der nach zweitausend Jahr'n/Noch mal gekommen ist, und du, du hast ihn nicht gefahr'n.« Mey lässt hier das biblische Gleichnis vom Weltengericht aus Matthäus 25 anklingen, das die berühmten Zeilen enthält: »Was ihr für einen meiner geringsten Brüder getan habt, das habt ihr mir getan«, aber auch deren Gegenbotschaft: »Was ihr für einen dieser Geringsten nicht getan habt, das habt ihr mir auch nicht getan.« Der biblische Bezug und die Motive von Schuld, Reue und Vergebung stellen auch den Text in die Tradition der amerikanischen Gospel-Songs.

In »Der Bruder« entfernt sich der Songwriter weit von seinen Anfängen als Chansonnier, er singt den Gospel-Blues als Sprechgesang, der den Duft des Südens atmet (atmen soll!), und seine musikalischen Parameter werden, wie schon am Anfang, ganz bewusst eingesetzt. Es gibt die stilbestimmenden blue notes, ein Bluesharp-Solo und den summenden Gospelchor, der den Part der kommentierenden Menge übernimmt, dazu den markanten Offbeat des Schlagzeugs. »Der Bruder« ist eine eindrückliche Parabel der verpassten Bruderliebe, gekleidet in ein stimmiges, wenn auch für Mey ganz ungewohntes musikalisches Idiom, das nicht darüber hinwegtäuschen soll: Was hier in Alabama passiert, kann uns allen jederzeit und überall passieren. Nach über sieben Minuten wird der Song mit einem Fade ausgeblendet, wie es in der Popmusik oft, bei Reinhard Mey aber nur selten vorkommt.

Von der hitzegeladenen Szenerie der Südstaaten und diesem Bild der Ausgrenzung ist es gar nicht weit zu einem viel früheren Stück, das die Ich-Figur selbst eine solche Ausgrenzung erleben lässt, weshalb sie im Lied anstelle der Täter- die Opferperspektive einnimmt. Die Rede ist von »Weil ich ein Meteorologe bin« vom »Ikarus«-Album 1975. Das legendäre Lied des Meteorologen, der lediglich aufgrund seiner beruflichen Tätigkeit von der Gesellschaft gemieden und stigmatisiert wird, gipfelt im Liebesverlust der dritten Strophe, wo es heißt: »Nur einmal in meinem Leben hat ein Mensch mir blind vertraut: / Sie war wie ein Frühlingsmorgen, sanft wie Hyazinthenduft, / Doch dann hat sich ein Cumulonimbus zusammengebraut, / Und in ihre Liebe brach massiv polare Meeresluft, / Denn bei Meteorologen / Wäre jedes Wort gelogen, / Und wer erstens schon beim Wetter lügt, dem glaubt man zweitens nicht.«

Resignative Trauer spricht unmittelbar aus jedem Strophenbeginn, der klagende Tonwiederholungen durch Sext-, Septim- und Oktavsprünge einsetzen lässt. Mey singt dies mit einem Anflug von Verletzlichkeit, und in der Folge verströmt die Melodie aus Akkordbrechungen und absteigenden Linien einen Zug von Fatalismus. Das Unabänderliche des Schicksals und die Vergeblichkeit des Bemühens werden durch ein Auf- und Abwogen der Melodie symbolisiert, das keinen Ausweg, kein Happy End zur Folge hat. Wie in »Der Bruder« führt die Ausgrenzung zur Vereinsamung, die im »Meteorologen« durch einen verständnisvollen Laubfrosch, der ja »auch ein Meteorologe« sei, gemildert erscheint. Doch ähnlich wie die Gesellschaft der Küchenschabe (»Alles was ich habe«, 1972), die als einziger Freund blieb, nachdem alle anderen Freunde mit dem Glück auf und davon sind, ist dieser Trost nur eine flüchtige Pointe. Das Gefühl der Ausgrenzung und Vereinsamung bleibt bestehen, denn »ein Nimbostratus [Regenwolke] hängt in meinem Sinn«. Eine latente Melancholie umflort auch die Dur-Akkorde des Liedes und verleiht ihm seinen charakteristischen, resignativ-schmerzlichen Tonfall.

»Ich bin Klempner von Beruf«, 1974
»Annabelle, ach Annabelle«, 1972
»Was kann schöner sein auf Erden,
als Politiker zu werden«, 1974

TEMPO

Auf den Alben »Mein Achtel Lorbeerblatt« und »Wie vor Jahr und Tag« finden sich, zeitlich nah beieinander, drei schon nach kurzer Zeit legendär gewordene Lieder Meys, die sich in ganz ähnlicher Instrumentierung für die Persiflage ein Gestaltungsmittel zunutze machen: ihr Tempo. Diese drei Lieder leben den Rausch der Geschwindigkeit am exzessivsten aus: Die überspitzte Kritik spiegelt sich in der auf die Spitze getriebenen Geschwindigkeit, und die Zungenfertigkeit des Sängers ist ein Husarenritt auf Messers Schneide. Begleitung und Arrangement der Kai-Rautenberg-Combo zu diesen sängerischen Parforceleistungen sind dicht und kompakt sowie gleichzeitig von der Farbigkeit und Quirligkeit der instrumentalen Effekte geprägt.

In »Ich bin Klempner von Beruf«, diesem humoristischen ab absurdum Führen des Prinzips »Der Kunde ist König«, folgt auf ein kurzes Intro sofort der Refrain. In ihm wird der Berufsstolz nach einem furiosen viertaktigen Crescendo-Aufstieg (»Denn auch in den größten Nöten / Gibt es immer was zu löten. / Immer wieder gibt es Pannen / An WC's und Badewannen«) nochmals herausgeschleudert. Dazu, und in den vier absurden Episoden aus dem Klempner-Leben, wirbelt eine effektvoll eingesetzte Perkussion, dudelt die Jazzklarinette und perlt das Honkytonk-Klavier, und dies bei einem rasanten Tempo von 100 Schlägen pro Minute. Die im locker süffisanten Ich-Ton vorgetragenen Fallbeispiele (»Neulich hab' ich einen Boiler installiert, / Der hat gut und gern zwei Tage funktioniert. / Dann war er drei Tage alt / Und das heiße Wasser kalt. / Na, da hab' ich gar nicht lange repariert, / Sondern sofort einen neuen installiert.«) korrespondieren perfekt mit dieser selbstverständlich und nonchalant dahinwirbelnden Begleitung. Der humoristische Effekt wird ganz gegen Ende noch verstärkt, wenn ein Klempner-Chor in Meys Ton der selbstherrlichen Berufsauffassung einfällt.

In »Annabelle, ach Annabelle«, jenem Song, der einst erbitterte Kritik auf sich gezogen hat, ist der Puls auf rund 110 Schläge pro Minute gesteigert. Das Lied ist die geistreiche, auf die Spitze getriebene Persiflage der aufkommenden Feminismus-Bewegung, die das »Spießertum« und die bürgerliche Behäbigkeit hinwegfegt. Dem Sänger wurde vorgeworfen, er rede hier seinem kleinbürgerlichen Publikum nach dem Mund – was natürlich Unsinn ist, so selbstironisch und humorvoll, wenn auch in jeder Zeile aufs Äußerste pointiert, ist dieser Text. In »Der Biker« (1998) entschuldigte sich Reinhard Mey 25 Jahre später bei Annabelle dafür, dass er Texte geschrieben habe, »nur damit die Leute lachen«, und er fügte an, dass »Wer viel hinlangt, auch mal daneben[langt]«. Doch aus heutiger Sicht ist in »Annabelle, ach Annabelle« durchaus Sympathie für das Neue zu spüren. Mey war stets Seismograf, hat Zeitströmungen und Meinungen reflektiert, und das Lied spiegelt als Zeitdokument, wie sehr neue Ansichten und Haltungen damals ein überholtes Weltbild ins Wanken brachten. Als vierminütige Pro/contra-Feminismus-Satire ist das Lied, das ebenfalls direkt mit dem Refrain beginnt, ein überdrehtes Presto. Das wirbelnde Tempo des Stückes ist ganz direktes Symbol für die rasanten Veränderungen, die Überkommenes im Mülleimer der Geschichte entsorgen. Das Arrangement beinhaltet wiederum ein Honkytonk-Klavier, aber auch eine Trillerpfeife, womit – allerdings vergeblich – zur altgewohnten Ordnung gerufen wird.

Mit einem Tempo von 120 Schlägen pro Minute ist »Was kann schöner sein auf Erden, als Politiker zu werden« im Mey'schen Universum das Nonplusultra in Sachen Tempo: Sinnbild des aufstrebenden Staatsmanns, der berauscht ist von der Macht und den Deals, die sich an den Schaltstellen derselben auftun. Das Lied ist das erste in einer ganzen Reihe von weiteren, die sich am Gebaren (deutscher) Politiker reiben (allein zwischen 1985 und 1990 in fünf Liedern: »Lasst sie reisen«, »Vielleicht werd' ich doch langsam alt«, »Gretel und Kasperle, Großmutter, Wachtmeister und Krokodil«, »In diesem unseren Lande«, »Wahlsonntag«) – und nicht immer scheint diese Kritik an einem Berufsstand, der das Land immerhin zu einem Rechtsstaat und zur viertgrößten Volkswirtschaft der Welt gemacht hat, gleich gut nachvollziehbar. Wie dem auch sei: Meys latenter Kulturpessimismus ließ die Seismografennadel in diesem Bereich immer wieder ausschlagen, und wohl kaum je zugespitzter und vergnüglicher als in dieser Vision einer eigenen Politkarriere, zusätzlich von den Bogenstrichen einer Geige befeuert.

Stimmlich bewegt sich dieses Stück im Bereich des gerade noch Singbaren, des sich fast Überschlagenden. Das Lied entwickelt sich aus einem Staccato-Sprechgesang, der sich nach einem Steigerungslauf der Karrieregedanken des Karrieristen mit einem Jauchzer gleichsam in den Refrain hineinkatapultiert: »Was kann schöner sein auf Erden / Als Politiker zu werden. / Vom Überfluss der Diäten / Platzen dir die Taschen aus den Nähten. / Du kannst dir auf leisen Sohlen / Dein Schäfchen ins Trock'ne holen. / Prost! Es lebe die Partei! / Frisch und fromm und steuerfrei!« Wie im »Klempner« und in »Annabelle« wird die Singstimme in einem furiosen Wirbel von einem äußerst kompakten Arrangement mit Perkussion, Klavier und Bass vorwärts gerissen. Und wie in den anderen beiden Liedern ist auch im »Politiker« dieses Furioso das bewusst gewählte Stilmittel, um Hektik, Chaos und Geschäftigkeit zu illustrieren. Hierzu passt auch der den Refrain begleitende tanzartige Tusch, der, einem keltischen Volkstanz, einem Jig oder Reel, nicht unähnlich, von einer fiddle initiiert wird.

»Der Mörder ist immer der Gärtner«, 1971
»Dieter Malinek, Ulla und ich«, 1979

GESCHICHTEN

Einer von Meys berühmtesten Songs (und sein einziger Kriminalfall) ist »Der Mörder ist immer der Gärtner« aus dem Jahr 1971. Hier, wie in anderen Fantasiegeschichten aus dieser Zeit (über das Geheimnis im Hefeteig oder das Erdöl im Garten), ist der Sänger ganz einfach Fabulierer und Entertainer, der weder über sich selbst reflektiert noch Gesellschaftskritik übt. Die Geschichte vom Mörder auf Schloss Darkmoor, der in fünf Strophen ebenso viele Opfer fordert, beginnt mit einem fatalistischen Akkordeonsolo auf a-Moll, das den Strophenbeginn mit den Tönen desselben Mollakkordes paraphrasiert.

Die Strophen sind, einem literarischen Krimi gleich, sorgfältig, aber unauffällig gebaut. Zunächst und über 16 Takte erfolgt jeweils eine Schilderung der Szenerie vor der Tat. Danach folgen 16 Takte, in denen die Tat verübt wird, wobei die Harmonie, der Akkord, jeweils über vier Takte statisch stehenbleibt, während die Spannung kontinuierlich gesteigert wird (A7 – dm – H7 –

E7, letzterer allerdings mit sehr charakteristischem tieferem f anstatt fis in der Melodie). Dann, befreiend – der Täter scheint gefunden! – springt das Lied von a-Moll nach A-Dur, und diese Erkenntnis wird in einer Reihung leuchtender Dur-Akkorde in der Grundkadenz von A-Dur gefeiert. Die vermeintliche Täterschaft allerdings trügt, wie wir wissen – und Meys Lied ist ein Chansonklassiker par excellence, bei dem wir immer von Neuem von der bekannten Pointe, dass nämlich der Butler und gar nicht der Gärtner der Täter war, überrascht werden.

Die Melodie der sicherlich berühmtesten Kriminalgeschichte des deutschen Chansons arbeitet, intuitiv vielleicht, mit kleinen Feinheiten. So senkt sich die Melodie auf »Die Nacht« und »zwölfmal« textkongruent zur tiefsten Note a ab, und im Refrain wird auf den »Gärtner«, der »erbarmungslos« zuschlägt, zweimal der höchste Punkt des Tonumfangs erreicht. In der Abfolge von Strophenbeginn, der »Tatentwicklung« und des befreienden Refrains erzielt Mey die klassische Spannung eines Krimis. Und der Spannungsbogen steigert sich bis in die fünfte Strophe, wo der Gärtner sein vermeintliches Mordwerkzeug (»seine Heckenschere, die funkelt und blitzt, / Sense, Spaten und Jagdgewehr steh'n an der Wand«) hegt und pflegt, bevor ihn eine meuchelnde Hand würgt. Erst jetzt, quasi auf der letzten Seite des Romans, werden die Hörerinnen und Hörer eines Besseren belehrt. Krimi at it's best.

»Dieter Malinek, Ulla und ich« von 1979 spielt nicht im Darkmoor und auch nicht bei Maigret, sondern in der deutschen Provinz – und ist als aus dem Leben gegriffene Geschichte dennoch ein Lied von mindestens gleicher Hintergründigkeit. Es ist ein Paradestück für die Sehnsucht nach dem Fremden.

Der Liedermacher lässt die Erwartungshaltung gleichsam bedeutungsschwanger explodieren, indem er die ersten Silben des Liedes mit Fermaten dehnt (»Er – hieß – Die – ter«) und dann in einem sechs Takte überspannenden Staccato-Fluss den (vermeintlichen) Journalisten vorstellt: »Er – hieß – Die – ter / Malinek und er sagte, er wäre Journalist / Das war ein Klasse-Typ, der wusste immer gleich, was Sache ist.« Dieter Malinek bricht in die heile kleine Welt des 16-jährigen Mey und seiner Freundin Ulla ein, und die Rasanz, mit der der Sänger dies in repetierten Achtelnoten schildert, illustriert ganz bildlich, mit welcher Verve und Nonchalance der Hochstapler dies tut. Die Fermaten intensivieren die Wirkung des darauffolgenden Flusses, zudem stehen sie gleichsam für den Stillstand in der Provinz, die auf die Versprechung der großen weiten Welt wartet. Sehr bildlich auch, wie sich die Melodie schwärmerisch über eine Septime hoch aufschwingt in der Schilderung dieser exotischen Gegenden (»Der kannte das Bermuda-Dreieck, der kannte die halbe Welt«), bevor der Melodiebogen resignierend in sich zusammenfällt: »Ulla und ich war'n sechzehn, und wir war'n schon mal bis Bielefeld.« Nachdem das Lied mit dem Refrain begonnen hat, folgt in den Strophen, vom Akkordeon melancholisch grundiert, in acht aparten, hintereinander gesetzten Melodiebögen die Schilderung des unausweichlichen Schicksals. Es sind sich hebende und senkende Melodielinien, von einem Zauber aus Melancholie, Nostalgie, Sonne und Schmerz durchwoben.

Dieter Malinek lässt zu einem Gin Tonic die Jukebox klingen – und Mey schildert die Unausweichlichkeit (»Anfangs nahmen Ulla und ich ihn mit uns beiden / Später nahmen die beiden mich dann nur noch mit«) ohne Groll, doch mit der Trauer des Verlassenen. Der Versprechung der großen Welt, diesem Traum vom Ausbruch aus der Enge war ganz einfach nichts entgegenzusetzen. Doch wie in »Der Mörder ist immer der Gärtner« folgt auch in diesem Lied die Auflösung ganz zuletzt, in der Schlussstrophe. Denn Malinek, der von »den Inseln unter dem Winde« erzählt hatte, »Von Java und den Hochebenen von Peru«, und dem Reinhard und Ulla »mit großen blanken Augen« zugehört hatten: Er kannte sie keineswegs, »die große weite Welt«. Und Ulla, mit Malinek »eines Morgens verschwunden«, führt nun eine Kneipe in der Provinz: »Und sie ist nicht in Valparaiso gewesen / Auf Java nicht und den Hocheb'nen von Peru«, ist das Fazit, »Ihre Inseln unter dem Winde sind ihr Tresen / Und die Betrunk'nen hör'n mit glas'gen Augen zu.«

Während »Der Mörder ist immer der Gärtner« reines Entertainment ist, ist »Dieter Malinek, Ulla und ich« Biografie, Lebensgeschichte. Das Lied berührt noch tiefer, da es aus dem reellen Leben erzählt, vom Erwachsenwerden, von erfüllter wie enttäuschter Sehnsucht. Es erzählt vom Traum eines anderen Lebens in einer Zeit, als (1959) die große Welt noch weit entfernt war, und vielleicht, noch größer, davon, wo wir unsere Heimat finden.

»Diplomatenjagd«, 1969
»Alles, was ich habe«, 1972
»Ich wollte immer schon ein Mannequin sein«, 1972

IMITATION

Musik spielt oft mit äußerlichen Referenzen. Dass Reinhard Mey in »Ich wollte immer mal nach Barbados« (1985) zu karibischem Groove singt und dass der martialische Sound seiner »Body Building Ballade« (1988) sich an der Tortur von Fitnessgeräten orientiert, der sich der Sänger unterzieht, erscheint naheliegend. Dass aber Musik ganz direkt aus dem Thema und Textinhalt des Stückes erfunden werden kann, das zeigen drei seiner frühesten Lieder.

Auf kaum ein anderes Stück trifft diese enge Verbindung so sehr zu wie auf Meys frühen Erfolg »Diplomatenjagd« von 1969. Seine Diplomatenjagd ist nicht nur im Titel ein Jagdstück, ein groteskes Szenario einer Jagdpartie von Adel und High Society, auf der unter anderem der Außenminister durch einen trefflichen Fehlschuss das Zeitliche segnet. Nein, es beruht fast in seiner ganzen Melodie auf denjenigen Tönen, die von einem ohne Ventile zu spielenden (Jagd-)Horn möglich sind. Aus diesen Naturtönen ergibt sich eine Melodie aus Quarten, Terzen und großen Sekunden, die in sich, da direkt davon abgeleitet, exemplarisch den Charakter von Jagdfanfaren trägt. Die Symbiose von Text und Musik ist also komplett, und der Text wird absolut perfekt von der Musik gespiegelt. Sehr schön zu hören ist dies auch auf Reinhard Meys Live-Aufnahmen, wo, anders als bei der Studioversion, nicht wirkliche Hörner spielen, sondern der Interpret die Jagdsignale mit seiner Stimme imitiert. Eine gesellschaftskritische Spitze erhält das Lied, als Pointe quasi, ganz am Schluss, ganz ähnlich wie »Die heiße Schlacht am kalten Büffet« drei Jahre später. Gehen dort zehn Prozent der Einnahmen des Gelages an »Brot für die Welt«, so wird hier, als Feigenblatt der dekadenten Jagdgesellschaft (»so wird auch den Ärmsten der Segen zuteil!«), das übrig gebliebene Essen dem nächsten Armenhaus geschenkt.

Wie tönt oder eher: Wie bewegt sich eine Küchenschabe? Mey geht dieser Frage im vielleicht einzigen Chanson, dass diesem ungeliebten Tier je gewidmet wurde, auf den Grund: »Alles was ich habe« aus dem Jahr 1972. Er singt mit leicht akzentuierten, auf derselben Tonhöhe repetierten Achtelnoten, die die stockende Fortbewegung des Insekts, aber auch das Tasten seiner Fühler nachempfinden mögen, aber auf jeden Fall ganz konkret ein akustisches Äquivalent für das Verb »schaben« sind. Ganz am Schluss des kurzen, nur zweistrophigen Liedes darf das Tier auch noch »selbst« schaben, nachgeahmt wohl mit einem Kamm oder einem Guiro (einem Perkussionsinstrument mit Kerben auf der Oberseite). Die Schabe symbolisiert, gerade weil sie so verpönt ist, im Lied das Extrem, in dem sich der

Sänger befindet, sind ihm doch alle Freunde, die zu Zeiten des Glücks noch bei ihm waren, davongelaufen. Dies wird auch im aufbegehrenden zweiten Strophenteil deutlich, in den Mey klagend ausbricht (»Mein allerbester Freund ist sie / Der letzte, der mir blieb / Drum ist mir das Insektenvieh / Auch ganz besonders lieb«), bevor er sich, mit einem Decrescendo und einem Ritardando, wieder seiner Küchenschabe zuwendet.

Aus derselben Zeit, die vor dem inneren Auge des Hörers das karge Zimmer eines Studenten und noch unbekannten Chansonniers erscheinen lässt, stammt auch ein Kleinod in seinem Oeuvre, das schöne Lied »Ich wollte immer schon ein Mannequin sein«. Hier ist es ein tänzerischer Impuls, die wiegende, drehende Bewegung eines Menuetts im 3/4-Takt, das die fünf Strophen in Schwingung setzt. Mey schreibt einen stilisierten höfischen Tanz, mit dem er direkt den Beruf des »Mannequins« imitiert (Text und Musik lassen allerdings eher den Beruf einer Ballerina vermuten!). Und dieser stilisierte Tanz wird wirkungsvoll vom grundierenden Cembalo und der ausschmückenden akustischen Gitarre unterstützt. Der Sänger dichtet dazu kleine textliche Preziosen, die seiner Fabulierlust entspringen. So reimt er »Zierlich mich spreizen / Statt Kessel zu heizen« oder »Wenn ich Fliesen leg' / Träum' ich vom Laufsteg«, und Mey möchte »kein Maurer, kein Dinosaurier«, sondern nur: ein Mannequin sein.

Das Lied wird von einer schwungvoll punktiert absteigenden Floskel in Gang gesetzt, mit einem Auftakt von der Grundtonart e-Moll zur Dominante H7. Musikalisch schrauben sich die Strophen in kleinen zweitaktigen Abschnitten apart und reizvoll in die Höhe und in einer dreifach absteigenden Spirale wieder in die Tiefe. Der zweite Strophenteil wird jeweils ganz wiederholt, was Aussage und Eingängigkeit unterstreicht und an die Form historischer Tänze anknüpft. In der tänzerischen Bewegung bildet sich die von Mey ersehnte Berufung und kunstvoll gestelzte Bewegung eines Mannequins (= Ballerina) ab. Und Text und Musik verschmelzen in ironisch-neckischer Symbiose am deutlichsten, wenn der Liedermacher die schöne Wendung dichtet: »Mich verbiegen und Beifall kriegen / Wenn ich alsdann mein verknotetes Bein / Voller Grazie wieder gradziehe / Ich wollte immer schon ein Mannequin sein.«

»Maskerade«, 1971

»Gretel und Kasperle, Großmutter, Wachtmeister und Krokodil«, 1986

THEATER

Es gibt sie, die Lieder von Reinhard Mey, um die, obwohl äußerlich unscheinbar und bescheidener als große Anklagen wie »Erbarme dich« (2000) oder »Sei wachsam« (1996), ebenfalls ein geradezu eisiger Wind weht. Auf »Ich bin aus jenem Holze geschnitzt« von 1971 sind es gleich zwei Titel, das harmonisch komplexe »Der irrende Narr« sowie »Maskerade«. Es sind Lieder, die keinen vergnüglichen Chansonabend verheißen, sondern die Zuhörer in ihren Sesseln frösteln lassen.

Die »Maskerade« beginnt mit einem gepfiffenen, hin und her tändelnden Intro, das bassgestützt nicht nur den tänzerischen Dreivierteltakt betont, sondern auch das Glitzern des Festkleides aufnimmt, in das der sogleich auftretende Harlekin geschlüpft ist. Doch das Spiel ist, obwohl die Menge johlt und lacht und sich mit Bockwurst und Bier vergnügt, ein garstiges. Randexistenzen, Außenseiter, Krüppel und Kriegsversehrte sind es, die sich der Belustigung und Schadenfreude des Publikums hinzugeben haben. In der »Maskerade« fallen alle Masken, diejenigen vor den Gesichtern der Artisten, aber, viel schlimmer, diejenigen des Publikums, das ohne Empathie nicht hinter die Narrenkappe von Eulenspiegel sieht. Es ist ernster, bitterer, tieftrauriger Mey: »Halb sieben, halb sieben hinkt Kaspar daher, / Mit einem Arm nur, präsentiert das Gewehr. / Halb sieben, und strauchelt und fällt bei halb acht, / Und die johlende Menge hat Tränen gelacht. / Und er ruft, ob ihm denn niemand aufhelfen will, / Doch es hört keiner zu, und dann liegt er ganz still / Auf dem Pflaster, das vor seinen Augen verschwimmt, / In dem Duft von gebrannten Mandeln und Zimt.«

Musikalisch peppt der Sänger diese entblößende Szenerie nicht auf, sondern spiegelt die Armseligkeit in einer äußerst kargen Klanglandschaft. Die Melodie ist von der lakonischen Dreiviertelbewegung mit einer absteigenden Terz geprägt, die die Gebrechlichkeit der Akteure spiegelt: »Und im Taumeln verliert er das Gleichgewicht / Und die Maske vor seinem zerschund'nen Gesicht.« Zweimal wird das Geschehen durch einen riesigen Dezimsprung aufgerissen, der vermeintlichen Glanz, aber auch Qual illustriert. Doch derselbe tappende Dreivierteltrott begleitet auch die Äußerungen des Publikums. Und das gepfiffene lakonische Intro, das zwischen den Strophen aufgenommen wird, endet am Schluss in einem Ritardando: Das grässliche Spiel ist zu einem Ende gekommen, aber es ist ein Ende, das keinen Trost verspricht.

Die Musik und Meys stoischer Vortrag wirken gerade dadurch demaskierend, dass sie nicht überzeichnen, sondern den nüchternen Eiseshauch spüren lassen. Der

Text treibt die Tragödie in seinen Schlussworten auf die Spitze: »Nur ein kalter Wind fegt den Paradeplatz leer, / Und weht Fähnchen, Pappbecher, Staub vor sicher her / Und läßt Bierdosen scheppernd im Reigen sich dreh'n. / Wenn's am schönsten ist, Freunde, da soll man halt geh'n!«

Eine Theaterszene, wenn auch symbolischer Art, ist das fünfzehn Jahre später aufgenommene »Gretel und Kasperle, Großmutter, Wachtmeister und Krokodil«. Wie in vielen späteren Stücken ist Mey hier textlich und musikalisch expliziter, direkter, und er schafft eine humorvolle Analogie, von den Handpuppen und Marionetten der Kinderbühne, die doch exakt so auch im reellen Leben zu finden seien. Dies betrifft nicht nur die Geschehnisse (»Und ich lernte Jahr für Jahr, / Dass die Welt tatsächlich wie im Kasperletheater war.«), sondern insbesondere ihre Protagonisten: »Manche Autorität traf ich da, tritra trallala / Manch Vorbild, das ich schon mal auf der kleinen Bühne sah. / Plötzlich fand ich überall, wohin mein Blick auch fiel, / Lauter Ableger von Gretel und Kasperle, Großmutter, Wachtmeister und Krokodil.«

Das Lied beginnt mit einem eintaktigen Tusch, auf den Verse folgen, in deren Sprachduktus in schnellen Achtelnoten sich durchaus etwas »Kasperlehaftes« manifestiert. Dann die Überleitung zum Refrain, triumphierende Erkenntnis im Aufstieg über eine Quinte, gefolgt von einem nochmaligen Tusch und dem befreienden, melodisch ausschwingenden Refrain der Titelzeile. Meys Aversion gegen anmaßende, charakterlose Politiker, wie er sie in vielen anderen Liedern auch geäußert hat, erhält hier eine subtile Spitze in Strophe vier. Und es spricht für den Sänger, dass er sich nicht davon ausnimmt und mit Selbstironie andeutet, vielleicht selbst in diesem Spiel »Gretel oder Kasperle, Großmutter, Wachtmeister oder Krokodil« zu sein. Im Arrangement von Manfred Leuchter scheint zuweilen ein xylofon- oder marimbafonähnlicher Klang durch, der durch seinen hölzernen Touch die Assoziation zu Puppenfiguren verstärkt.

»Lied auf dem Grunde eines Bierglases gelesen«, 1969
»Ich brauche einen Sommelier«, 2007
»Freunde, lasst uns trinken«, 1980

TRINKEN

Das sprichwörtliche Bonmot »Wein, Weib und Gesang«, seit dem 18. Jahrhundert nachweisbar: Reinhard Mey würde es zweifellos auch für sich beanspruchen. Über die Liebe hat er vielfach geschrieben, der Gesang ist sein Metier, und der Wein (und das Bier) tauchen als Liedthema seit früher Zeit bis heute mit schöner Regelmäßigkeit in seinem Werk auf – nicht zuletzt in seinem Allzeit-Klassiker »Gute Nacht, Freunde« (1972). Schon 1970 forderte er »Komm, gieß mein Glas noch einmal ein«, und 50 Jahre später sinniert er in »Was will ich mehr« darüber, zuallerletzt beim Zechen in geselliger Runde das Zeitliche zu segnen. Trinken ist bei Reinhard Mey nicht nur Selbstzweck. Es ist zunächst Moment der Reflexion, zuweilen auch allein, doch meist gekoppelt mit Freundschaft; es bedeutet Geselligkeit, den Wunsch, das Leben mit Freunden zu feiern und zu teilen. Doch im Überschwang ist stets auch die Vergänglichkeit präsent – in Meys Trinkliedern steht der Tod als Mahnung neben der Verheißung des Lebens.

Das »Lied auf dem Grunde eines Bierglases gelesen« reiht drei kunstvoll gearbeitete Strophen aneinander, denen nicht nur das Cembalo, sondern insbesondere das Akkordeon des französischen Chansons in Einleitung, Begleitung und Nachspiel seinen charakteristischen Tonfall verleiht. Und während sich das Licht im Bier »in tausend funkelnden Perlen bricht«, räumt der Sänger – bis der neue Morgen vor dem Kneipenfenster dämmert – in seinen Gedanken auf. Die Melodie lotet einen weiten Tonumfang von über einer Dezime aus und mäandert in den harmonischen Abfolgen weiter als die meisten späteren Lieder. Dies mag symbolisch als Sinnbild stehen für die weit schweifenden Gedanken, als Sinnbild des suchenden Lebens, das doch beim Trinken, so Mey, den sicheren Hafen findet, während draußen alles drunter und drüber geht. »Und wenn ich verschont blieb«, singt er, »leit' ich's daraus / dass ich meistens in der Kneipe war.«

Die Kneipe bleibt auch in der zweiten Strophe der sichere Hafen, wenn der geheimnisvolle und schreckliche Charon, mythologischer Fährmann über den Todesfluss, ins Wirtshaus tritt, um den Musiker, der zuvor an seine Zeche beim Jüngsten Gericht dachte, abzuholen. Mit geradezu verwegener Chuzpe gelingt es ihm, den Todesboten zu vertrösten: »Komm'n Sie lieber noch mal in zwei bis drei Jahren, / Bis dann machen die Großen 'nen neuen Krieg, / Dass die Opfer vom letzten nicht vergebens waren. / Und dann wird ihr Kahn so voll, dass er sich biegt!« Bis sich der Fährmann über den Todesfluss 2007 in »Ich brauche einen Sommelier« wieder zeigen wird, vergehen beinahe vierzig Jahre, in denen der Liedermacher vom Suchenden zum Findenden wird und ihm dann ein versöhnliches Trinklied kredenzt.

In »Ich brauche einen Sommelier« wechselt Mey vom Bierkrug zur Weinflasche, und das Lied kommt mit wippenden punktierten Achteln wie ein spritziger Schaumwein daher. Ein starker Beat eröffnet das Stück und geht allmählich in den locker-flockigen Groove des Refrains über, der das Lied in seinem beschwingten 6/8-Takt swingen lässt. In den Textversen werden dem Künstler auf seine vermeintlichen Lebensprobleme scheinbare Patentrezepte offeriert. Und das vermeintliche Schwanken des »Patienten«, seine vermeintliche Verzweiflung spiegelt sich in der schwankenden, zunächst auf-, dann absteigenden Melodielinie. Doch der Sänger kontert mit einer leicht in die Oktave hinaufgeworfenen Geste und seiner erlösenden Erkenntnis: »Doch ich brauch keinen Pater / Und keinen Psychiater, / Wenn ich keinen Ausweg seh', / Keinen Pharmazeuten, / keinen Therapeuten, / Ich brauche einen Sommelier!« Ein hingeworfenes »He!«, ein bestätigendes Summen – in Lebenserfahrung und Lebenserfüllung gewonnenes Selbstvertrauen – und ein Glas Wein als Kur aller Probleme.

Ohne übermäßigem Alkoholkonsum das Wort zu reden, gibt sich Mey als genießender Pragmatiker, und dies auch dem Tod gegenüber, den er vierzig Jahre vorher noch mit Nonchalance zurückgewiesen hatte. Denn nun tritt Charon wieder auf, derselbe Fährmann über den Todesfluss, aber nun stehen, »Wenn mir Charon zunickt und die Fähre mir schickt, / [...] die Reiseschuh schon frisch besohlt.«, und zu klären gäbe es nur noch, augenzwinkernd: »Was wähl ich im Weinberg des Herrn?« Die Aufzählung möglicher Himmelsweine korrespondiert mit der Aufzählung falscher Ratschläge im Lied – und so fügt sich »Ich brauche einen Sommelier«

gleichzeitig ein in eine Reihe von Liedern, die von Fabulierlust getrieben eine Kette von Aufzählungen beinhalten, so »Ich wollte immer nur ein Mannequin sein« (1972), »Wem Gott die rechte Gunst erweisen will« (1977), »Ich grüße« (1985) und »Ich möchte« (1994).

»Freunde, lasst uns trinken« vom Album »Jahreszeiten« (1980) ist vielleicht DAS klassische Trinklied Meys, ein Lied in der Art eines Rondos, mit Trinksprüchen und guten Wünschen in den vier Strophen, die ritornellartig vom fünfmaligen, am Schluss doppelt gesungenen Refrain gerahmt werden. Mit Holzbläsern und Trommel wird das Lied initiiert, und ihr fröhlicher, festlicher Charakter prägt das Stück wie die auf- und absteigende Refrainmelodie aus jubilierenden Terzen. Der Refrain wird, einem Trinklied entsprechend, im Tempo angezogen, bevor die Verse die Auswahl derjenigen, denen es zuzuprosten gilt, mit starken Rallentandi unterstreicht. »Freunde, lasst uns trinken, / Der kleinste Grund, ist Grund genug«, lautet das Motto, »auf die schöne, kurze Zeit zu nehmen und zu geben, / Den Augenblick der Ewigkeit, den wir auf Erden leben.« Und was in »Was will ich mehr« auf dem neuesten Album nochmals aufgegriffen wird, erscheint hier schon als Idealbild besungen: Gemeinsam trinken und feiern, bis man (= Mey) mit den Füßen voraus davongetragen wird: »Denn, wer weiß, wann die letzte Stunde schlägt, / Wann der Schreiner die letzte Kammer sägt, / Bis man uns die Füße voraus davonträgt, / Freunde, wollen wir trinken.«

»Die heiße Schlacht am kalten Büffet«, 1972
»Erbarme dich«, 2000

KONSUM

Ein Paukenschlag, ein Trommelwirbel, eine Flamencogitarre: Und schon ist man drin in »Die heiße Schlacht am kalten Büffet«, Meys raffiniert verpackt und rasant vorgetragener Kritik an Konsum, Völlerei und Egoismus. Nach der »Diplomatenjagd« von 1969 ist es sein zweites »Jagdstück«, nicht nur textlich, sondern auch musikalisch. Ist es dort der Typus von Hornsignalen, der vom Gesang imitiert wird, so ist es hier der Gestus eines Triumphmarsches (allerdings in einem 6/8-, nicht in einem 4/4-Takt), der problemlos von Trompeten und Posaunen übernommen werden könnte.

Der komödiantische Ton der »Diplomatenjagd« wird hier zu einer beißenden Groteske gesteigert, der Kampf rhythmisch und stimmlich akzentuiert. Die Schlacht wogt in auf- und absteigenden Tonleitern, deren Fluss in einen intensiven Schwall lautmalerischer Blitzlichter (spießt, feurig, Schlund, blitzen, prallt, Wucht, braust, sticht, rülpst, grunzt) getaucht wird. Es ist symptomatisch, dass der höchste Punkt des Tonumfangs auf »Schaum vor dem Mund« und »Heldentod« erreicht wird, bevor der Refrain das Pathos der Trophäenjagd in einer Art schmetternder Jagdfanfare und einem jubilierenden Hurra des Sängers kulminieren lässt.

Was wie ein absurdes Slapstick-Theater aussieht – und durchaus auch ein Teil reines Entertainment gewesen sein mag –, wird durch den letzten Refrain zur bitteren Zivilisationskritik: »Das war die Schlacht am kalten Büffet,/Und von dem vereinnahmten Geld/Geh'n zehn Prozent, welch noble Idee,/Als Spende an ›Brot für die Welt‹ – hurra!« Das Lied wurde 1972 in einer Nachkriegs-Wohlstandsgesellschaft und kurz vor der Ölkrise geschrieben. Fünfzig Jahre später, in einer Welt der scheinbar unbegrenzten Möglichkeiten, von Kreuzfahrt-Tourismus und »Food Waste«, in der sich mit Klimaerwärmung und Artensterben dramatisch die Grenzen des Wachstums zeigen, ist es ungebrochen aktuell.

Obwohl Reinhard Mey aus der Haut des Satirikers in die Haut des Chronisten schlüpft, vom Überzeichnen ins Reale wechselt, steht »Die heiße Schlacht am kalten Büffet« inhaltlich nahe bei »Erbarme dich« von 2000, dem erschütterndsten Lied, das der Musiker je geschrieben hat. Der maßlose Konsum des Menschen fordert seine Opfer. Und dies sind in diesem Lied zwei Dutzend Pferde, die in einem mehrtägigen Elendstransport von Litauen zur Schlachtbank nach Cagliari gefahren werden.

Es ist eine ergreifende, sieben Minuten lange Elegie, ein Memento des Mitgefühls und der Anklage, das durch Mark und Bein geht. Reinhard Mey (und sein Arrangeur Manfred Leuchter) instrumentieren das Stück auf ganz ungewöhnliche Weise und wie kein anderes im Werk des Künstlers. Aus der Tiefe steigt ein e-Moll-Akkord empor, zu dem ein leises Saxofon mit einer kleinen Sekunde einen Klagegesang anstimmt. Es ist sicherlich kein Zufall, dass dieser Beginn an Ennio Morricones Mundharmonika-Thema aus »Spiel mir das Lied vom Tod« erinnert. In der Folge schieben sich die Akkordwechsel in düsteren Klangbändern ineinander, und der Musiker legt als Sprechgesang halblaut seine Schilderung des Dramas darüber.

Die Zeit steht quasi still in dieser siebeneinhalbminütigen Tragödie. Fast eine Minute dauert es, bis die erste von drei Strophen beginnt und jede von ihnen dauert 70 Sekunden, in denen wir Zeuge des unerbittlichen, empathisch geschilderten Schicksals der Tiere werden. Dann, nach den Strophen, dreimal, flehentlich, ein Ausbruch aus dem Dunkel, ein Schrei aus der Tiefe, als berückender kleiner Choral, Stimmen, die zum Solisten Mey hinzutreten: »Erbarme dich, erbarme dich! / Erbarme dich der Kreatur / Sieh hin und sag nicht, es ist nur Vieh! / Sieh hin und erbarme dich!« Der Refrain, jedes Mal bewegende und schmerzliche 45 Sekunden lang, steigert sich in seinem Impetus von Mal zu Mal und erinnert an ein Lamento aus dem Zeitalter des Barock.

Nicht weit ist es von hier zu Johann Sebastian Bach und seiner Arie »Erbarme dich, mein Gott« aus der Matthäuspassion, wo dieselbe Stimmung, dieselbe flehentliche Bitte in Klang gegossen ist: »Erbarme dich, mein Gott / Um meiner Zähren [Tränen] willen! / Schaue hier, Herz und Auge / Weint vor dir bitterlich. / Erbarme dich, mein Gott.« Der Hörer weint, bei Bach und bei Mey. »Erbarme dich« ist ein singuläres Lied, das auf erschütternde Weise dazu aufruft, ethischen Werten in unserem Umgang mit Tieren zum Durchbruch zu verhelfen.

»Mein erstes graues Haar«, 1977
»50! Was jetzt schon?«, 1992
»So viele Sommer«, 2016

VERGÄNGLICHKEIT

Schon früh hat sich Reinhard Mey mit dem Thema Vergänglichkeit auseinandergesetzt. Im Lied »Mein Testament« von 1974 wird das eigene (unerwünschte) Ableben im spieldosenartig 24-mal [!] repetierten Melodiebogen thematisiert, und er singt noch jugendlich nonchalant: »Ich vermach' Euch Fass und Flaschen, / Euch zum Wohle, mir zum Trost. / Ich hätt' gerne mitgetrunken, / Leider geht's nicht, na denn Prost.« Im selben Jahr ist das eigene Sterben Thema in »Wie ein Baum, den man fällt«, und in »Eh meine Stunde schlägt« wünscht sich der Sänger kurz darauf, 1977, Georg Friedrich Händels »Wassermusik« zur Beerdigung.

Passend dazu eröffnet eine barock anmutende Melodielinie, elegisch von der Oboe angestimmt, »Mein erstes graues Haar« vom Album »Menschenjunges« von 1977. Die Singstimme, berührend in ihrem glockenhellen, von einer Prise Wehmut durchdrungenen Klang, beginnt mit der feinsinnigen Beobachtung: »Links überm

Ohr habe ich eben / Mein erstes graues Haar ertappt. / Mir ist, als wär' in meinem Leben / Eine Tür lautlos zugeschnappt, / Hinter der helle Räume liegen, / Die mir ab heut' verschlossen sind. / Da gibt es gar nichts dran zu biegen, / Jetzt bin ich doch ein altes Kind.« Ein dramatischer Oktavaufschwung führt zum Wort »Leben« hinauf und die Wehmut steigert sich in einer melodischen Terzbewegung bis zum Verb »verschlossen«, bevor die Strophe leicht resigniert auf »ein altes Kind« den tiefsten Punkt der Melodie erreicht und wieder in die Elegie der Oboenlinie mündet.

Über dem Stück liegt eine Mischung aus leiser Trauer und tröstlichem Annehmen, die vom edlen Klang der Tonart H-Dur unterstützt wird. Und diese Mischung des Empfindens wird in den Folgestrophen zunächst durch ein expressives Klavier, dann durch ein Streicherarrangement emotional gesteigert. »Vom Abschiednehmen mag es kommen, / Das stets ein wenig Sterben heißt.«, singt Mey, und in einer Poesie, die Vergänglichkeit auf eine stille und tiefe Art reflektiert, lautet sein Fazit, dass man diese, da unumgänglich, willkommen heißen muss.

Ein Schleier aus bezaubernder Melancholie liegt auch auf »50! Was jetzt schon?«, einem sympathischen Geburtstagsständchen mit Augenzwinkern und einer Prise Selbstironie, das der Liedermacher sich und seinen Hörern 1992 zu seinem runden Geburtstag schenkte. Die drei Strophen, die in die Vergangenheit, Gegenwart und Zukunft blicken, werden von der rhetorischen Frage des Titels eingerahmt und nochmals von einer Halbstrophe mit Dank an die gute Fee abgeschlossen.

Interessant ist, wie dieses Geburtstagsständchen, obwohl kurz, doch eine organische Entwicklung durchläuft. Es beginnt nur mit der Gitarre, zu der aber unmittelbar das Akkordeon einen Touch französische Chanson-Melancholie beisteuert – das Lied bleibt in einer zerbrechlichen Schwebe zwischen Nostalgie und Erkenntnis. Dann, in der Mitte der letzten Strophe, dämmert dem Autor, dass sich Altern nicht nur nach Aussehen und verflossenen Jahren berechnen lässt, und diese Erkenntnis versetzt dem Lied einen Schub an Zuversicht. Im Arrangement wird der Gestus hymnischer; das perlende Klavier tritt stärker in den Vordergrund und löst die melancholische Grundierung des Akkordeons mit kraftvollem, vorwärtsdrängendem Optimismus ab. Das Alter ist angenommen – und der Blick auf das Kommende vereint sich mit Dankbarkeit für das Vergangene.

Nochmals eine Generation später, 2016, erscheint auf »Mr. Lee« die Gitarrenballade »So viele Sommer«, die danach fragt, wie viele Sommer wohl noch auf die bereits vergangenen folgen mögen. »Alle guten Dinge müssen enden«, singt Mey, und daher gelte es, glücklich zu leben, einander Trost und Wärme zu spenden, das Glück mit vollen Händen zu verschenken. »So viele Sommer« ist kein Lied der großen äußeren, doch der starken inneren Gesten. Es ist ein Lied, das zur Versöhnung mit dem Leben und seiner Vergänglichkeit aufruft, ein Lied, das nachdenklich, aber bekräftigend und durchaus tröstlich ist.

Der lyrische Zauber des Stückes liegt in den beseelten Flötenfiguren, in den schmerzlichen Gitarrenseufzern g – fis, die das Stück eröffnen, und im Klanggewand des Irish Folk, in das das Lied gegen Schluss gekleidet wird. Nur ab und zu wird die Stimmung aus vorherrschenden D-, G- und A-Dur-Akkorden durch einen Stich in h-Moll dunkler eingefärbt. Wie in »Mein erstes graues Haar« und in »50! Was jetzt schon?« ist die Vergänglichkeit das Thema dieses Liedes – doch der Zeitpunkt des Schreibens und die zurückgelegte Wegstrecke verstärken diesmal Sicht und Einsicht. Nicht Resignation ist die Botschaft, sondern Dankbarkeit für das miteinander getragene Leben. Dass dieses Leben Lachen und Weinen, erfüllte, aber auch erlittene Zeit, einschließt: Dies ist im Text explizit zu hören und in der schwebenden, fragilen Balance der Musik zu spüren.

»Ich bin aus jenem Holze geschnitzt«, 1971
»Es schneit in meinen Gedanken«, 1975
»Ich singe um mein Leben«, 2002
»Was will ich mehr«, 2020

SELBSTPORTRÄT

Alle Lieder eines Künstlers gründen in seinem eigenen Erleben, entstehen durch den Filter seiner Wahrnehmung, seines Empfindens. Das künstlerische Universum kreist letztlich um die eigene Person, und Reinhard Mey hat sein Erleben in der Welt schon seit seinen frühesten Chansons differenziert und vielfältig reflektiert. Er bezeichnet sich selbst als Optimisten, als Stehaufmännchen, und es gibt ungebrochen optimistische Selbstporträts, so »Ich bin aus jenem Holze geschnitzt« (1971), »Happy Birthday to Me« (1979), oder, eingebettet in ein Familienporträt, »What a lucky man you are« (1996). Oft jedoch schwingen andere Saiten aus der Farbpalette des Gefühlsspektrums mit, werden Nachdenklichkeit, Trauer und Melancholie nicht ausgespart. Bis heute sind diese Reflexionen getragen von großer Poesie, Einsicht und Offenheit.

Ganz und gar optimistisch und beschwingt präsentiert sich 1971 der Titeltrack des Albums »Ich bin aus jenem Holze«.

Fünf kompakte Strophen sind es, die mit einem gepfiffenen Intro eingeleitet, verbunden und abgeschlossen werden, der Text vom geradezu federnden Puls der Gitarre befeuert. Die Melodie ist von volksliedhafter Eingängigkeit und bewegt sich auf diesem federnden Drive stufenweise, in Terzen und in Dreiklangsbrechungen. Es ist ein fröhlicher, ja frohlockender, bekräftigender 28-jähriger Liedermacher, der hier auftritt – und der in diesem Selbstporträt davon singt, für welche Gegenstände und Tätigkeiten sich sein Holz eignet und für welche nicht.

Dies kommt vermeintlich leicht und des Reimes willens daher, doch strahlt das Lied Wärme aus und enthüllt eine subtile Tiefe. Denn Meys Holz eignet sich für ein Herz, in das man zwei Namen schnitzt, für Fässer, Löffel, Körbe und Kinderreifen – nicht aber für Pfeil und Bogen, Madonnen und Kerkertüren. Im humoristischen Ton von »Ich bin aus jenem Holze geschnitzt« sind beiläufig also Themen angedeutet, die Mey in anderen Liedern expliziter artikuliert: Liebe, Familie, Schutz, Kulinarik, Macht, Gewalt. Und auch die Musik enthüllt kleine Geheimnisse. Mit einem zweitaktigen rhythmischen Muster - ^ - / ^^^ stützt die Perkussion den beflügelten Groove der Musik; das Pfeifen des Intros wird mit dem bauchigen Klang der Marimba unterlegt – und auf das Wort »Kuckucksuhren« ertönt doch wahrhaftig der versteckte, leise, einmalige Kuckucksruf einer Tonflöte.

Eine Momentaufnahme, jedoch eine der schönsten, ist »Es schneit in meinen Gedanken« aus dem Jahr 1975. Zweimal variiert hebt Mey an, jeweils in einem Bogen vom Grundton b hinauf zur Quinte f und wieder eine Quarte hinunter zum c – zwei Zeilen, die sofort die

Stimmungslage vermitteln: »Es schneit in meinen Gedanken / und es wird kalt in meinem Sinn.« Es ist ein leichtes Pendeln zwischen zwei Dur-Akkorden, und doch überziehen sie das Gesungene bereits mit einem Hauch von Schwermut. Dann, auf »und meine Träume umranken«, geht es bildlich in die Höhe zum hohen b, verschleiert mit drei Moll-Akkorden, bevor die Tonleiter wieder abfällt zur Grundtonart und der poetische Bilderrahmen mit den Worten »Eisblumen, als wär's Januar darin« abgeschlossen wird. Dies ist die melancholische Momentaufnahme der drei Strophen – das Bild des in die Seele einbrechenden Winters. Doch der Schnee taut, und Mey ruft seine Zechkumpane zur Hilfe, zur Rettung – denn der Grund dafür, dass es in den Gedanken schneit, sind Freunde, die ihn verbannten und verließen, sind verletzter Stolz, verletzte Liebe.

»Schlaft noch nicht ein, ihr Zechkumpane« – mit dieser Aufforderung wird die Trübsal weggeschwemmt! Das Lied stemmt sich, mit einer kleinen schönen Moll-Trübung bei »Schwermut, die ich ahne«, empor, es erreicht die höchsten Töne symbolhaft auf »unser Grölen, unser Lachen«, und sackt dann in nur zwei Takten wieder bis zum tiefsten Ton ab, zur »Stille in mir«. Ein Wechselbad der Gefühle also, ein Wogen der Tonleiter, bis der Schneesturm vorüber ist und der Sänger Trost gefunden hat. »Und es taut in meinen Sorgen«, heißt es erlöst im Nachspiel, »Und ein Föhn weht durch meinen Sinn / Trinkt mit mir, Brüder, bis zum Morgen / Bis ich betrunken eingeschlafen bin.« Sehr schön illustriert die schimmernde Perkussion den Schnee und markiert mit leisem Ticken die verfließende Zeit.

Das Singen als Trost, als existenzielle Erfahrung und Lebenselixier: Dies ist viel später, 2002, Thema und im Liedtitel sogleich direkt angesprochen, in: »Ich singe um mein Leben«. Der Liedermacher ist auch hier schonungslos ehrlich, authentisch, bei sich: »Ich singe um mein Leben, / Ich singe, um nicht aufzugeben. / Ich mach' mir selber Mut.« Mey ist 60 Jahre alt, als er dieses Lied schreibt, und der Übermut und ungezwungene Esprit früherer Jahre ist einer dunkel gefärbten Nachdenklichkeit gewichen.

Mag sie im Gelingen selbstverständlich scheinen, die Musik, so ist sie im Zweifel, im Scheitern, der Strohhalm, um sich aufzurichten und Mut zu schöpfen. Dieser Mut, dieses Luftholen, dieses Kraftschöpfen: Wie schön wird es symbolisiert, wenn der Sänger zu Beginn des Refrains zweimal zu einem großen Atemholen ansetzt, zweimal vom tiefen a einen großen Bogen singt, der sich schließt: »Ich singe um mein Leben / Ich singe, um nicht aufzugeben.« Und gegen Ende des Refrains wird der Tonumfang kleiner, auf eine Quinte reduziert, aber das Wort »Leben« wird nun über fünf Takte auf 18 Viertelschläge gestreckt und dabei um die Achse des Tones fis gedreht. Es ist eine Anrufung, ein Insistieren, ein Flehen, ein Sich-Vergewissern. Mey formt das Leben, das er beschwört, wie es ein Bildhauer in Ton tun würde, plastisch mit seiner Stimme.

»Was will ich mehr« ist die letzte Eigenkomposition auf Reinhard Meys bisher letztem, 28. Studioalbum, und wirkt damit wie ein bewusstes und vorläufiges Fazit eines Lebens. In »Ich singe um mein Leben« hatte er 2002 in der Schlussstrophe noch gesungen: »Vielleicht, weil sich im Widersinn / Freude und Schmerz verbinden, / Muss ich, auch wenn ich glücklich bin, / Immer Trauer empfinden.« Hieran schließt nun, 2020 in »Was will ich mehr«, ein eindrückliches Bild gleich zu Beginn der ersten Strophe an – die Notwendigkeit, selber aus dem Schatten zu treten, um das Gute zu sehen: »An klaren Tagen kann ich bis zum Glück seh'n / Ich muss nur ein wenig zur Seite geh'n / Ein Schritt aus dem Schatten, dann geht mein Blick weit / In Wahrheit und Klarheit und Dankbarkeit.«

Der Künstler blickt zurück, um – wie Goethes König in Thule, den Mey im Text erwähnt – den letzten Becher zu leeren, wenn es Zeit ist. Gleich dem König in Thule will Mey als Zecher sterben, und wenn der Sänger im Lied schiffbrüchig in seinen Heimathafen heimkehrt, so klingt auch hier der König in Thule an und dessen Heimat im Schloss am Meer. »Nichts ist verborgen, nichts ist geschönt / Keine Rechnung offen, mit allen versöhnt / Alles ist gut, nichts, das ich entbehr' / Alles ist leicht, was will ich mehr?«, singt Mey und, ganz am Schluss: »Übers Pflaster rollt klingend mein Becher, leer / Ich hab' alles gehabt, was will ich mehr?« Der Text ist, wie zahllose andere seiner Liedtexte, auch Lyrik, Dichtkunst, die problemlos ohne Musik bestehen könnte.

Es ist ein versöhnlicher Blick – »nichts ist verborgen, alles ist leicht« –, und auch die Musik nimmt dieses Motto auf. Eine einfach voranschreitende Melodielinie, meist in Viertelnoten, ein bedächtiger, getragener Grundrhythmus, ein paar wenige Akkorde nur, schlichte Akkordwechsel, keine ausladenden Instrumentalfiguren, kein überflüssiges Dekor. Wunschlosigkeit, Schlichtheit, Klarheit, Essenz – »was will ich mehr«. Dass das Leben nicht nur heiteres Feuerwerk ist, dass der Seelenfrieden auf einem Lebensweg mit Höhen und Tiefen errungen werden musste: Dies tönt die Harmonisierung des Refrains an. Denn trotz seines Textes (»Alles ist gut, nichts, das ich entbehr' / Alles ist leicht, was will ich mehr?«) ist der Refrain von einem dunklen Flor umschattet. Nach dem einleitenden F-Dur-Akkord folgt auf »gut, nichts, das ich entbehr« ein zweimaliger Wechsel von e-Moll auf d-Moll, und auch die Schlusssilbe von »was will ich mehr« wird nicht mit dem erwarteten hellen C-Dur, sondern mit dem schattigeren a-Moll abgeschlossen. Erst ganz am Schluss folgt der ersehnte, erlösende C-Dur-Akkord: Der versöhnliche Text findet im allerletzten Akkord des Liedes seine tröstliche Erfüllung.

»Spielmann«, 2013
»Die Zeit des Gauklers ist vorbei«, 1974
»Welch ein Geschenk ist ein Lied«, 1981

BÜHNE

Seit 60 Jahren steht Reinhard Mey auf der Bühne, und diesem existenziellen Moment des Auftretens hat er immer wieder Lieder gewidmet. 1977 besang er des Reimes willen in »Wem Gott die rechte Gunst erweisen will« alle möglichen Pannen und Ereignisse, die ihm auf den Tourneebühnen zustoßen könnten. Und dieses Tourneeleben war 1980, 1981 und 1994 Liedthema in »Unterwegs«, »Freundliche Gesichter« und »Leb wohl, adieu, gute Nacht«. »Du musst wahnsinnig sein« war 1987 dem Lampenfieber gewidmet. Und noch auf dem neuesten Album nimmt der Sänger 2020 die Bühnensituation wieder auf, von der aus er beobachtet, wie »Der Vater und das Kind« (im Rollstuhl) seinem Konzert lauschen.

»Spielmann«, vom 2013er-Album »dann mach's gut«, ist keines von Meys epischen Liedern. Doch fasst es zusammen, wie er als Kind zu seinem Berufswunsch fand: »Da fiel es mir im Kinderchor wie Schuppen von den Augen,/Ich weiß, wozu ich tauge, ich will ein Spielmann sein!« Auslöser war eine Probe von Joseph von Eichendorffs Gedicht »Das zerbrochene Ringlein«, in dessen Mittelstrophe es heißt: »Ich möchte als Spielmann reisen / Weit in die Welt hinaus, / Und singen meine Weisen, / Und gehn von Haus zu Haus.« Gesagt, getan – Mey beginnt das Lied mit einer rhetorischen Geste, die mit einem Terz- und Quartsprung fragt: »Reinhard, Reinhard, was soll nur aus dir werden?« (ganz ähnlich wie zu Beginn von »50! Was jetzt schon?« aus dem Jahr 1992). Und er löst die biografische Entwicklung im Refrain des Stückes auf: »Spielmann bin ich geworden, bin ein Stelzenläufer, / Gaukler bin ich, ein Seiltänzer, ein Taugenichts, / Vorsänger, Lautenschläger, bin ein Traumverkäufer, / Spielmann will ich sein bis zum Tag des Jüngsten Gerichts!« Mey stellt sich hier – ähnlich wie schon 40 Jahre vorher in »Musikanten sind in der Stadt« – in die Tradition der mittelalterlichen Spielleute. Gleichzeitig verweist der Refrain auf die Stellung des Künstlers, des Artisten: Außenseiter am Rand der Gesellschaft. Das Bild des (historischen) Jahrmarkts, an dem allerhand Schausteller das Volk unterhalten, wird im Refrain des Liedes auch durch die Instrumentierung unterstrichen, die mit irischem Dudelsack, irischer Rahmentrommel und keltischer Flöte die Ambiance eines solchen Volksfestes evoziert.

Dieses nostalgische Bild des Volksmusikanten (unterstrichen auch durch den altertümlichen Begriff »Schnurrpfeiferei«, der Unterhaltungsspiele, aber auch Geschwätz und Tand meint) wird aufgegriffen im berühmten Lied aus dem Jahr 1974 mit dem passenden Titel »Die Zeit des Gauklers ist vorbei«. Das Lied beginnt mit einem dreifachen musikalischen Seufzer, der den

Einsatz der Singstimme vorbereitet: »Die Zeit des Gauklers ist vorbei, / Verklungen Sang, Schnurrpfeiferei, / Verstummt die Laute, die der Musikant noch in den Händen hält, / Der Tisch verwaist, die Gläser leer, / Das Fest ist aus. Es bleibt nichts mehr, / Als abzugeh'n, man sagt: Der Narr ist traurig, wenn der Vorhang fällt.« Es ist erstaunlich, wie in diesem Lied bereits die ersten sieben Noten, eine schlichte Geste, alles umfassen, alles aussagen, was im Lied noch folgt: »Die Zeit des Gauklers ist vorbei«. Der anschließende Refrain hebt nochmals an und senkt sich in melodischen Pendelbewegungen zur Tiefe ab: »Und das Fest, das wir endlos wähnen, / Hat doch wie alles seinen Schluss. / Nun, keine Worte und keine Tränen, / Alles kommt, wie's kommen muss.« Und wie die Taschenspielertricks der Gaukler nicht aufzulösen sind, enthüllt auch diese Botschaft ihre Rätsel nicht. Ist in diesem Abschiedslied, das Melancholie und Trost ausbreitet, ganz schlicht das Ende eines Festes gemeint, das Ende des Lebensfestes, das Ende einer Beziehung? Große Lieder dürfen mehrdeutig sein, und »Die Zeit des Gauklers ist vorbei« ist es. In der Originalfassung singt Mey das Lied in A-Dur, besonders berührend aber wirkt, wie er es einen Ganzton tiefer in G-Dur auf der Live-Aufnahme von 2008 interpretiert: besinnlicher, brüchiger, innerlich bewegt, die Vergänglichkeit der Zeit im eigenen Vortrag spiegelnd.

Nur zwei Strophen, aber was für ein großes, überströmendes Lied, Quintessenz des Lebens als Sänger auf der Bühne, Quintessenz seiner künstlerischen Aufgabe: Das ist »Welch ein Geschenk ist ein Lied«, 1981 auf dem Album »Freundliche Gesichter« in warmem As-Dur eingespielt. »Schon wenn der erste Ton erklingt, / Beginnt der Raum zu atmen und zu leben«, hebt Mey an – und orchestral begleitet, atmet das Lied auf wundersame Weise synchron die Botschaft des Textes, »Ist es wie ein Erschauern, wie ein Schweben, / Als ob ein Zauber uns bezwingt.« In der Harmonik ist es der Wechsel im sechsten Takt auf f-Moll und c-Moll, der dieses »Erschauern«, dieses »Schweben« auslöst. Und die Melodie, die uns »aus dem Irrgarten uns're Gedanken« befreit, »aus der engen Dunkelheit« – sie windet sich, strebt, nachdem sie auf »Dunkelheit« auf ihrem tiefsten Punkt gelandet war, über fast anderthalb Oktaven empor: »Tragen die Töne ein Gedicht / Auf bunten Flügeln in das Licht, / Ein Schwarm von Schmetterlingen, der zur Sonne flieht.« Das Lied erreicht kraft seiner Melodie den höchsten Punkt, Zauber und Erlösung der Seele aus der Wirrniss – und wir erinnern uns an das Bild des von Mey in anderen Liedern besungenen Ikarus, der aus Gefangenschaft flieht und der Sonne entgegenstrebt: Welch ein Geschenk ist ein Lied!

»Welch ein Geschenk ist ein Lied« ist ein Plädoyer: für die heilende und tröstende, für die versöhnliche, umfassende und universelle Kraft der Musik. Und sie, die Musik, ist durch nichts zu ersetzen. Deshalb ist »Welch ein Geschenk ist ein Lied« auch eine Aufforderung, Meys Musik zu hören – mit all ihren thematischen Facetten, ihrem gesellschaftlichen Engagement, ihrer menschlichen Wärme, durchaus auch in ihren Widersprüchen. Das Universum des Liedermachers beschränkt sich nicht auf »Über den Wolken«, das 2005 in einer Publikumsbefragung des ZDF zum viertgrößten deutschen Hit aller Zeiten gekürt wurde. Vielmehr beginnt es dort erst richtig, wo der übermächtige Hall dieses Allzeit-Klassikers endet.

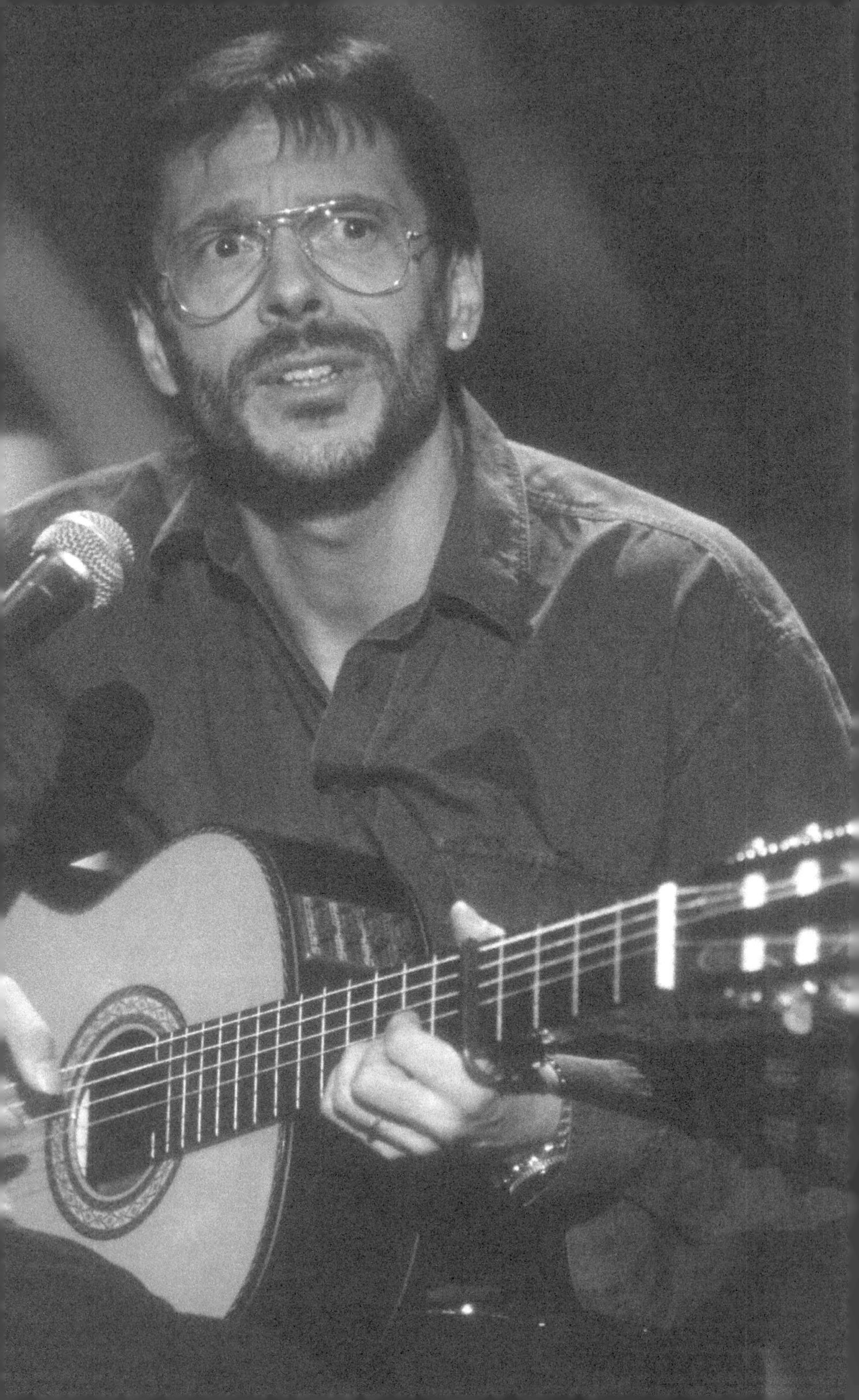

28 ALBEN

»[Ich stehe] in der Mitte – und zwar in der Mitte eines Kreises. Ich sehe um mich herum und drehe meinen Kopf nach allen Seiten. Wenn ich etwas sehe, was mich zornig macht oder amüsiert, spieße ich das auf – gleichgültig, in welche Richtung das geht.«[2]

Reinhard Mey

Ich wollte wie Orpheus singen, 1967

Reinhard Meys erstes Soloalbum erschien im gleichen Jahr wie »Sgt. Pepper's« von den Beatles. Und es erschien zu einer Zeit, als das Folksong-Festival auf der Burg Waldeck (wo Mey ab 1964 seine ersten großen Auftritte hatte) allmählich in die politischen Diskussionen seiner Zeit hineingezogen und von den auftretenden Künstlern vermehrt politisches Engagement gefordert wurde. Es ist somit eine Reise in eine lang vergangene Zeit – und das Album eines Newcomers, der nur die Hälfte der Lieder selber beisteuerte. Der Liedermacher singt von Hannes Wader die charmante »Begegnung« – bei den Kompositionen von Udo Unger und Walther Richter ist nicht nur der Qualitätsunterschied zu Meys eigenem Material zu spüren, sondern auch, wie viel weniger sie zu ihm passen.

Von den Umbrüchen der Zeit scheinen Meys Lieder auf diesem Album unberührt – mit Ausnahme vielleicht des »Abscheulichen Lieds für abscheuliche Leute«, das die bitterböse Anklage von Kriegsspielzeug im Kinderzimmer ins groteske Klanggewand eines possierlichen Menuetts steckt. Die Liebeslieder und privaten Ansichten aus dem städtischen und studentischen Umfeld sind eher spartanisch produziert und von einer tief melancholischen Grundstimmung durchtränkt. Unter ihnen finden sich zwei frühe, zumindest halbe Klassiker (»Ich glaub, es war ein gutes Jahr« und »Hauptbahnhof Hamm«), die in ihrer melodischen Abrundung und Eingängigkeit bereits auf den Singer-Songwriter der späterer Alben hinweisen. Es finden sich Preziosen (»Und für mein Mädchen«, »Das alles war ich ohne dich«), die bereits exemplarisch den Mey'schen Wortwitz zeigen. Und es gibt die eine ganz große Geste, mit der er seine Karriere lanciert, »Ich wollte wie Orpheus singen«, bereits 1964 geschrieben. Ein Lied, das in nur zweieinhalb Minuten Poesie, Größe und Bestimmung vereint.

Ankomme Freitag, den 13., 1969

Es ist das einzige Cover Meys, auf dem sich der Liedermacher inszenieren lässt, in der etwas lächerlichen Pose, die die Geschehnisse des Titelliedes illustriert. Musikalisch erscheint »Ankomme, Freitag, den 13.« bereits als Quantensprung zum ersten Album. Es ist vielfältiger, variantenreicher, und nur noch eine Komposition (»Irgendwann, irgendwo« von Louis Rey) stammt aus fremder Feder. Einige Lieder verströmen in ihren Arrangements mit Akkordeon das typische Flair des französischen Chansons (»Lied auf dem Grund eines Bierglases gelesen«, »Manchmal, da fallen mir Bilder ein«, »Heimkehr«). Sie erinnern an Meys Zweitkarriere als Frédérik Mey in derselben Zeit und daran, wie sehr ihn das französische Chanson prägte. Und es finden sich bereits einige Klassiker auf diesem Album: das Titelstück, die »Diplomatenjagd« und »Kaspar«, das berührende Stück über das legendäre Findelkind Kaspar Hauser. »Kaspar« allerdings wirkt auf den nur von der Gitarre begleiteten Live-Interpretationen eindrücklicher als in diesem Arrangement – bezeichnenderweise ist es das einzige Lied, dass der Musiker ein zweites Mal auf einem eigenen Album (1996 auf »Leuchtfeuer«) eingespielt hat.

Textlich-musikalische Raritäten sind »Heute noch«, wo Mey Beethovens »Ode an die Freude« in eine kleine Antiatomhymne mit »Funken aus Plutonium« verwandelt, und das »Klagelied eines sentimentalen Programmierers«, ein Computer-Liebeslied lange vor der digitalen Revolution. Auch instrumental gibt es einige Überraschungen, nicht zuletzt durch den ungewöhnlichen Einsatz des Cembalos, das immer wieder für aparte Klanggrundierungen sorgt. Ein stiller Klassiker ist das das Album beschließende »Lied zur Nacht« – zerbrechliches Mahnmal der damaligen nahen Zonengrenze und ihrer Bedrohung. Und mit dem Titelstück und der »Diplomatenjagd« präsentiert Mey zum ersten Mal ein neues Genre von skurrilen Geschichten als Uptempo-Nummern.

Aus meinem Tagebuch, 1970

»Aus meinem Tagebuch« wirkt stiller, introvertierter als das vorherige Album, auch wenn es mit der »Ballade vom Pfeifer« als exotische Western-Parodie beginnt und damit die Idee der »Diplomatenjagd«, von ins Fantastische gesteigerten fiktionalen Geschichten, weiterführt. Gegenüber dem Nonsense-Cover des Vorjahres wird Mey nun als ernst zu nehmender Bohemien präsentiert: mit Gitarre, Zigarette, Bierflasche und Schreibmaschine. Im charmant beschwingten »Wirklich schon wieder ein Jahr« wird, so scheint es, noch ausgelotet, in welche stilistische Richtung sein Weg führen soll. In Arrangement und melodischem Groove steht das Lied stilistisch ganz nah bei den im gleichen Jahr nur als Single veröffentlichten Liedern »In meinem Zimmer fällt leis der Regen« / »Ein Krug aus Stein«, und der Background-Chor der »Rosy Singers« schwankt zwischen Beach Boys und Schlager.

Insgesamt jedoch steht auf dem Album Meys eigenes Instrument im Vordergrund, was den Liedern starke Authentizität verleiht – sämtliche Stücke, außer dem »Lied von der Spieluhr« (das natürlich mit selbiger ansetzt), beginnen allein mit der akustischen Gitarre. Das Titellied, »Aus meinem Tagebuch«, stellt nach dem »Hauptbahnhof Hamm« vom vorherigen Album nochmals die Sehnsüchte der Gastarbeiter ins Zentrum. Und neben dem »Pfeifer« gehört das Trinklied »Komm, gieß mein Glas noch einmal ein« ebenso zu den Highlights dieses Albums wie die »Trilogie auf Frau Pohl« und das sehnsuchtsvolle »Du, meine Freundin«. In ihnen formt sich eine reifer und persönlicher werdende Art der Melodiegestaltung. Es gibt mittlerweile fast vergessene Preziosen auf diesem Album, so die poesievollen »In meinem Garten«, »Abgesang« und »Grüß dich, Gestern«. Und mit dem »Vertreterbesuch« initiiert der Liedermacher eine Reihe unschmeichelhafter humoristischer Berufsporträts, die auf späteren Alben mit der »Homestory« (Boulevardjournalist), »Ich bin Klempner von Beruf«, »Daddy Blue« (Showbusiness) und den Ärzten »Dr. Nahtlos, Dr. Sägeberg und Dr. Hein« fortgeführt werden.

Ich bin aus jenem Holze, 1971

1971 schafft Reinhard Mey mit seinem ersten Live-Album in Deutschland den Durchbruch als Liedermacher. Er ist nun 28 und legt mit »Ich bin aus jenem Holze« die vierte deutsche Studio-LP innert vier Jahren vor. Die Färbung des Albums ist sehr ähnlich zu derjenigen des Vorgängers. Neben dem Auftakt-Stück – der lärmend-grotesken Agenten-Komödie »Das Geheimnis im Hefeteig oder der Schuß im Backofen« –, dem titelgebenden Selbstporträt und dem jubilierenden Schlussstück »Sie ist zu mir zurückgekommen«, dominieren auch hier die stilleren Töne. Dennoch ist eine Entwicklung sichtbar: Mey scheint im Jahr seines Durchbruchs auf einem neuen, konsolidierten Niveau angekommen.

»Ich bin aus jenem Holze« ist melodisch gereift, es verfügt über vielfältigere Arrangements und strahlt Wärme und Poesie ebenso aus wie Empathie zu Außenseitern der Gesellschaft (»Der irrende Narr«, »Maskerade«). In der Tradition der »Diplomatenjagd« finden wir hier einen seiner größten Klassiker überhaupt: »Der Mörder ist immer der Gärtner«. Und neben leichter Avantgardismus-Kritik im skurrilen »Cantus 19b« erklingt mit »Ich trag' den Staub von deinen Straßen« Meys erste Berlin-Hymne – weitere werden folgen. In den poesievollen Liedern »Ich glaube, so ist sie« und »71 ½« erklingen wunderbare – verklärende, schmerzliche, tröstliche – Einwürfe von Oboe und Flöte. Und ein zusammengehörendes Liedpaar bildet den Schluss:

zunächst die kristalline, schmerzliche Trauer der Trennung in »Seifenblasen«, gefolgt vom Gestus überschäumenden Champagners in »Sie ist zu mir zurückgekommen«. Das Cover stilisiert Meys Gesicht, dem Titellied entsprechend, als Holzschnitt. Und das Album ist Auftakt weiterer Studioalben, die ihn auf nochmals höherem Niveau im Zenit seiner noch jungen Karriere zeigen.

Mein Achtel Lorbeerblatt, 1972

Mit einer volkstümlichen Pfeifer-Melodie versetzt das Anfangsstück von Reinhard Meys fünftem Album, »Musikanten sind in der Stadt«, die Zuhörer zurück in die Zeit der einst übers Land ziehenden Spielleute. Vor ihnen heißt es, sich in Acht zu nehmen – doch der Sänger möchte mit ihnen ziehen. Und in der Tat strotzt dieses Album als künstlerisches Statement vom Selbstbewusstsein eines Musikers, der sich etabliert hat. Dies manifestiert sich stimmlich, in den Arrangements (bei denen die Gitarre in den Hintergrund tritt) und im durchgehend hohen Niveau von Text und Musik. Mindestens die Hälfte der Albumtitel kann zu den Allzeit-Mey-Klassikern gezählt werden (die vier großen Uptempo-Nummern »Musikanten sind in der Stadt«, »Annabelle, ach Annabelle«, »Die heiße Schlacht am kalten Büffet«, »Bevor ich mit den Wölfen heule«, das karrierelange Live-Schlusslied »Gute Nacht, Freunde« und wohl auch das Titelstück sowie das zauberhafte »Herbstgewitter über Dächern«).

Keine Fantasiegeschichten wie auf den vorherigen Alben, dafür privat-ironische und kritische gesellschaftliche Reflexionen, Lieder über die Kraft der Gedanken, über Abschied und vergängliche Freundschaft. Auch die Titel, die im Schatten der bekanntesten Nummern stehen (»Manchmal wünscht' ich«, »Schade, dass du gehen musst«, »Ich wollte immer schon ein Mannequin sein«) vereinen melancholischen Schmelz mit einem berückenden musikalischen Puls. Und daneben gibt es das am wenigsten populäre – dafür umso bedrückendere – Stück des Albums, das Protestlied über die Einzelhaft »In Tyrannis«. Das fünfte Soloalbum zeugt ebenfalls davon, wie stark der Künstler in diesen Jahren auch im Kreuzfeuer der Kritik stand. Diese entzündete sich auf diesem Album an »Annabelle, ach Annabelle«, der plakativ zugespitzten Zeichnung des Feminismus, und, zwei Jahre später auf »Wie vor Jahr und Tag«, an der Theaterparodie »Zwei Hühner auf dem Weg nach Vorgestern«. Mey selber verkündet deshalb im Titellied, sich auf »Mein Achtel Lorbeerblatt« zurückzuziehen, um dort zu schreiben, was er möchte. Und für dieses autonome Denken und Handeln als Mensch und Künstler plädiert er verspielt-eindrücklich auch in »Bevor ich mit den Wölfen heule«.

Wie vor Jahr und Tag, 1974

Wo das Vorgängeralbum aufhört, knüpft »Wie vor Jahr und Tag« zwei Jahre später an – ein Album mit einer so hohen musikalischen und lyrischen Brillanz, dass die einzige Fremdkomposition (Toni Vescolis »Susann«) schon als Fremdkörper erscheint. Wie auf dem Vorgängeralbum sind auch auf diesem mindestens die Hälfte der Stücke Allzeit-Reinhard Mey-Highlights. Dazu gehören die in atemberaubendem Tempo hingeschleuderte Politiker-Satire »Was kann schöner sein auf Erden, als Politiker zu werden«, das ebenfalls rasende »Ich bin Klempner von Beruf« und die Umweltelegie »Es gibt keine Maikäfer mehr«. Ebenso ein Paradebeispiel für poetische Melancholie (»Die Zeit des Gauklers ist vorbei«) und natürlich, mit seinem optimistisch-luftigen Groove, Meys berühmtestes Lied überhaupt, »Über den Wolken«. Ihnen stehen an Poesie, Einsicht und Einfallsreichtum »Wie vor Jahr und Tag« (in dem sich seine Stimme hymnisch über den Streichern aufschwingt) und »Der alte Bär ist tot« kaum nach. Und zweimal sinniert der junge Künstler über das Sterben, in »Mein Testament« und in »Wie ein Baum, den man fällt«.

Meys sechstes Album ist ein thematischer und musikalischer Bilderbogen zwischen Nachsinnen und Überschwang, mit einem Glanz von Abgeklärtheit über demselben Selbstbewusstsein, das schon das Vorgängeralbum ausstrahlte. Die Arrangements sind zum Teil geradezu opulent, mit berückenden Einwürfen der Oboe in »Wie ein Baum, den man fällt«, dem klanglichen Furioso mit Kastagnetten und Harfenglissandi in der Persiflage des Avantgardetheaters, »Zwei Hühner auf dem Weg nach Vorgestern«, und dem Flöten-Fagott-Duo mit Glockengeläut im Epitaph für den alten Bären. »Über den Wolken« hebt, ganz ähnlich wie sechs Jahre zuvor »Back in the USSR« auf dem White Album der Beatles, mit einem Flugzeug-Startgeräusch an. Es steht in seiner beschwingten Leichtigkeit symbolisch für eine Karriere, die abgehoben hat und für das nun breit etablierte künstlerische Können des Liedermachers.

Ikarus, 1975

Keineswegs schwächer als seine Vorgänger, markiert »Ikarus« doch so etwas wie eine Zeitenwende. Denn Reinhard Mey steht unmittelbar vor der Trennung von seiner ersten Frau Christine, und das nächste Album »Menschenjunges« (1977) wird der Gegenwart mit seiner zweiten Frau Hella und der Gründung einer Familie gewidmet sein. »Ikarus« führt musikalisch und literarisch das hohe Niveau seiner Vorgängeralben fort und schließt gleichzeitig mit stilleren Akzenten eine biografische Zeit ab.

»Zwischen Kiez und Ku'damm« ist als Berlin-Porträt der überdreht empathische Nachfolger von «Ich trag den Staub von deinen Straßen« (1971). Die von Gitarren getragene »Homestory« führt als degoutantes Porträt des Boulevardjournalismus das Genre der Berufsbilder weiter. Und »Hab Erdöl im Garten« knüpft an die früheren Fantasiegeschichten von der Diplomatenjagd, vom Geheimnis im Hefeteig und vom mordenden Gärtner an. Nicht nur das Titellied ist ein Mey-Klassiker, sondern auch das nachdenklich-fatalistische Geständnis »Weil ich ein Meteorologe bin« und das Lied vom Unterwegssein, »Einen Koffer in jeder Hand«, leicht swingend in einer Mischung aus Flehen und Schmerz gesungen.

Insgesamt dominieren auf diesem Album die besinnlichen Klänge, so im grandiosen melancholischen Doppelpaar »Es schneit in meinen Gedanken« und »Es gibt Tage, da wünscht' ich, ich wär' mein Hund«. Die vier das Album beschließenden Lieder sind fast vergessene Tracks, die nachdenkliche Meditation »Du bist die Stille« ebenso wie Lieder über Suizid (»Atze Lehmann«) und seelische Wunden (»... es bleibt eine Narbe zurück«). Ein Hauch des französischen Chansonniers Serge Reggiani liegt über dem Abschiedslied »Mein guter alter Balthasar«, Epitaph an einen verstorbenen Freund, das die Frage aufwirft, »ob da nicht doch noch Wege sind / wie man ein Stück Welt besser macht«. Das Titellied »Ikarus« selber ist der ätherische Bruder von »Über den Wolken«. Und das Abheben in die Luft, aber auch der Sturz des Ikarus, sind die Sujets auf dem Außen- und Innencover, dem einzigen Albumcover, auf dem der Liedermacher nicht selber visuell prominent in Erscheinung tritt.

Menschenjunges, 1977

1976 wird Meys erster Sohn Frederik geboren, und der Titel des Albums, »Menschenjunges«, widerspiegelt dieses einschneidende Ereignis. Nicht nur sein persönliches Umfeld hat sich verändert, auch die Titel des neuen Albums weisen neue Färbungen auf. Es gibt Lieder, die in ihrem Klang, ihrem Tonfall, an früher erinnern (»An meinen schlafenden Hund«, »Ihr Lächeln«, »Eh' meine Stunde schlägt«). Doch insgesamt wirkt das Album milder, heller, positiver. Produktion und Arrangements sind kompakt, akustisch deutlicher hinter die Singstimme zurückgenommen. Der Tonfall wirkt populärer als auf den vergangenen Alben, die Reime und der Humor direkter, so im Tourneelied »Wem Gott die rechte Gunst erweisen will« und in »Ist mir das peinlich«, die den Künstler in erster Linie als Entertainer zeigen. Sie werden von poesievollen und hintergründigen Reflexionen (»Mein erstes graues Haar«, »Ihr Lächeln«, »All meine Wege«) melodisch und lyrisch sensibel ausbalanciert.

Legendär geworden ist Meys dennoch von positivem Überschwang getragene Kritik der Bürokratie (»Ein Antrag auf Erteilung eines Antragformulars«), und berührend das wiederaufgenommene Anliegen des Tierschutzes im längsten je von ihm geschriebenen Lied (dem elfminütigen »Der Bär, der ein Bär bleiben wollte« nach Jörg Müllers gleichnamigem Buch). Erneut ist die Vergänglichkeit des Lebens Thema (»Eh meine Stunde schlägt«, »Mein erstes graues Haar«) – sie wird aber aufgewogen vom Leben selbst, von der Zukunft einer Familie. In »Menschenjunges« besingt der Musiker erstmals seine Kinder: erstes Glied einer Perlenkette, die sich bis zum »Haus an der Ampel« 2020 fortsetzen wird. Es ist diese neue Hoffnung, Meys persönliches Glück, das ein hervorragendes Album mit einem ganz und gar optimistischen Glanz überzieht.

Keine ruhige Minute, 1979

Reinhard Mey blickt auf dem letzten Album der 1970er-Jahre nochmals zurück auf die Trennung von seiner ersten Frau Christine (»Ab heut' und ab hier«), und kommt im Lied »Erinnerungen«, mit einer der berückendsten melodischen Wendungen seines ganzen Werkes, zur Einsicht: »So töricht, wie die Zeiger der Uhren / anzuhalten und zurückzudreh'n, / So töricht ist es auch, auf den Spuren / Lang vergang'ner Tage zu geh'n.« So scheint denn der Titel »Alles ist gut«, in dem besungen wird, wie für einen Moment des Schlafes alles Unrecht, alles Leid, aller Hass und Neid vergessen sind, als Motto über dem ganzen Album zu stehen. »Keine ruhige Minute« ist ein reifes, stilvolles, gehaltvolles Album, vielleicht eines von Meys besten – und die familiäre Geborgenheit äußert sich in einer gewissen Geborgenheit der Musik selber. Ein Album, das nur wenige Schärfen hat, das gerundet und im Gleichgewicht ist.

Zwei Parodien umfasst es dennoch. 1979 ist die Zeit des Discofiebers, und der Liedermacher persifliert die Schattenseiten des Showbusiness im Auf- und Abstieg des Instant-Stars »Daddy Blue«. Eine weitere ätzende Berufssatire, quacksalbernden Ärzten gewidmet, aber durchaus auch ins Genre von Meys Fantasy-Stories einzuordnen, ist die Geschichte von »Dr. Nahtlos, Dr. Sägeberg und Dr. Hein«, die Mey in einem begleitenden Videoclip in Personalunion darstellte. Das Album enthält beglückende und nachdenkliche Rückblicke auf seine Kinder- und Teenagerjahre (»Zeugnistag«, »Dieter Malinek, Ulla und ich«), die ebenso Klassiker-Status beanspruchen wie das biografische Geburtsständchen an sich selber, »Happy Birthday to Me«. Und wie im »Achtel Lorbeerblatt« sieben Jahre zuvor findet sich in »Von Luftschlössern, die zerbrochen sind« ein Plädoyer für künstlerische Freiheit und menschliche Integrität. Doch Reinhard Mey hat nun die Sturm-und-Drang-Phase hinter sich gelassen: »Keine ruhige Minute«, etwas populärer geerdet als frühere Alben, kann der Kritik ruhig ins Auge sehen.

Jahreszeiten, 1980

Mit einem Cover, das fast identisch ist wie dasjenige von »Menschenjunges« drei Jahre zuvor, erscheint nur ein Jahr nach »Keine ruhige Minute« bereits das zehnte Soloalbum. Nicht alle Lieder sind gleich gut gealtert. Die Kritik moderner Strömungen, 1974 in »Zwei Hühner auf dem Weg nach Vorgestern« als intelligente Satire vorgebracht, erscheint nun in »Des Kaisers neue Kleider« allzu pauschal, wenn auch mit kämpferischem Impetus vorgetragen. »Wir sind alle lauter arme kleine Würstchen« exemplifiziert die Behauptung des Titels an Fallbeispielen und steht damit durchaus etwas quer in einem künstlerischen Weltbild, das sonst Zivilcourage und den Wert des Einzelnen betont.

Dem Privaten wird auf »Jahreszeiten« selbstverständlich Raum gegeben, vom eröffnenden Lobpreis des Landlebens (»Bei Ilse und Willi auf'm Land«) zu musikalisch farbigen und textlich tiefgründigen Rückblicken (»Beim Blättern in den Bildern meiner Kindheit«). Das Private mündet in neue Kinderlieder, »Vaters Nachtlied«, und insbesondere in das zarte »Kleiner Kamerad«, dessen Intro und Zwischenspiele das Lied musikalisch mit einem Schleier der Märchenmusik aus »Drei Nüsse für Aschenbrödel« einfärben. Vier weitere herausragende Songs auf dem Album belegen, dass Mey keineswegs an melodischem und lyrischem Einfallsreichtum eingebüßt hat. »Poor Old Germany« ist ein mit melancholischem Glanz überzogener Abgesang auf das Ende der deutschen Sprache und »Freunde, lasst uns trinken« knüpft als Lied über Geselligkeit und Freundschaft an Klassiker wie »Gute Nacht, Freunde« an. Das sich bildlich emporschraubende Lied »Alleinflug« schließt sich mit »Über den Wolken« (1974) und »Ikarus« (1975) zu einem Liedertrio über das Glück beim Fliegen zusammen. Und »Sommermorgen« ist ganz einfach eines der schönsten Liebeslieder, die Reinhard Mey geschrieben hat.

Freundliche Gesichter, 1981

»Glücklicher, reicher war ich nie / solang' ich denken kann«, singt Reinhard Mey auf seinem 1981er-Album »Freundliche Gesichter« – und der ungebrochene Optimismus der vergangenen Jahre, auf dem Cover visuell verneunfacht, zeichnet auch dieses Werk aus. Mey beginnt handfest mit dem »Müllmänner-Blues« und zeigt sich in der Folge als Songwriter, der neben Blues auch eine Affinität zu Country und Klassik und zum »Klang einer altmodischen Melodie« (»Sommer«) hat. Wenn er auch in »... solang' ich denken kann« musikalisch haarscharf am Schlager vorbeischrammt, stehen andere Lieder auf dem höchsten Niveau, das der Liedermacher zu bieten hat. Geheimnisvoll berührend ist »All die sturmfesten Himmelhunde«, das sich würdig in die Flugklassiker des Künstlers einreiht: Stelldichein aller Fluglegenden, die sich im Novembernebel zu ihm in die Flughafenkantine gesellen, schicksalhaft von Panflöte und Akkordeon untermalt.

Ein großes klassisches Arrangement begleitet »Welch ein Geschenk ist ein Lied«. Reinhard Meys Hymne an die Musik – an ihren Zauber, ihre reinigende Kraft, ihren Trost – ist ein starkes und bewegendes Credo als Liedermacher, der mit seinen Liedern Glück und Hoffnung schenken, zu Tränen rühren, aus der Dunkelheit befreien möchte. Auf diesem vielleicht bisher unterschätzten Album ist es Teil einer Reihe von Liedern, die Privates auf geglückte Art reflektieren. Es reiht sich zudem ein in eine Reihe zumindest halber Mey-Klassiker, die auf »Freundliche Gesichter« zu finden sind. Hierzu gehört der Titelsong, wohl auch »Das Leben ist ...« und die Fliegerballade »All die sturmfesten Himmelhunde«. Und hierzu gehören die im ähnlich swingenden Groove ihrer Refrains eine Art Zwillingspaar bildenden »Lass es heut' noch nicht geschehen« und »Ich frag' mich seit 'ner Weile schon«: Reflexionen über Ende und Beginn, Vergänglichkeit und Aufbruch.

Die Zwölfte, 1983

Das mit der Zahl zwölf benannte Soloalbum mit exakt zwölf Stücken (Herbert Grönemeyer tat es Reinhard Mey diesbezüglich 2007 gleich) erschien 16 Jahre nach dem Debüt »Ich wollte wie Orpheus singen«. Dass es in der Substanz wohl etwas schwächer ist als seine Vorgänger, kann einem Sänger verziehen werden, der in diesen 16 Jahren 150 eigene Lieder eingespielt hat. Die Querbezüge innerhalb seines Werks sind dennoch vielfältig und interessant.

Das Album beginnt mit dem Suizid, den eine falsche Zeitungsnachricht auslöst (»Was in der Zeitung steht«) – ein tragischer Exkurs zur Allmacht der Medien. Klagend und bittend, sechs Jahre vor der Wende: »Ich würde gern einmal in Dresden singen« – eine melodisch ergreifende Elegie an die ferne Nähe der DDR (und unglaubliche Wendung des Schicksals, dass Mey genau am Tag der Wende dann tatsächlich in Dresden sang!). An die Würdigung des »einfachen« Lebens (und schweren Berufslebens) auf den vorhergehenden Alben (Landleben, Müllmänner) schließt das Zechenlied »Im Berg« an, aber auch »Jahr für Jahr«. Letzteres, Hommage an die Erfüllung lebenslanger Arbeit, ist positives Spiegelbild des frühen Chansons »Ein Tag« von 1969, das quasi statisch die Langeweile eines täglich engen Lebenskreises einfing. Jahrzehnte vor Netflix erzählt »Ich habe nie mehr Langeweile« vom Alltag als Serienjunkie, und »Auf eines bunten Vogels Schwingen« ist die sympathische Fortsetzung älterer Lieder über das Fliegen. »Anspruchsvoll« schwächelt am gleichen Ort wie »Des Kaisers neue Kleider« (1980) und der Refrain von »Hilf mir« am gleichen Ort wie »... solang' ich denken kann« (1981). Eine wunderschöne Gegenüberstellung von Anfang und Ende – Geburt und Tod – zelebriert Mey dagegen, noch expliziter und poesievoller als auf dem Vorgängeralbum, im Liedpaar »Die erste Stunde« und »Du hast mir schon Fragen gestellt«.

Hergestellt in Berlin, 1985

Das Album heißt nicht »Produziert in Berlin«, sondern »Hergestellt« – und das ist als persönliches Bekenntnis zu verstehen. Denn Musik als Handwerk ist als Credo Meys in verschiedenen Stücken greifbar: ein Lied als »Ein Stück Musik von Hand gemacht« (vom 1986er-Album »Alleingang«), das kein Kunstprodukt ist (»Daddy Blue«, 1979) und nicht lediglich als Hintergrundgesäusel erklingen soll (»Ich hasse Musik«). Zwei musikalische Bekenntnisse, wie es der Sänger nicht möchte, rahmen denn auch das Album ein – besagtes »Ich hasse Musik« und, quasi als musikalischer Gegenpart, der bewusst gestelzte »M(e)y English Song«, eine amüsante Parodie auf den nicht hitparadenkonformen Sound des Liedermachers. Zwischen diesen beiden Liedern steht Musik, wie Mey sie bevorzugt: »Hergestellt in Berlin«.

Nicht nur auf dem Albumcover präsentiert sich der Musiker in neuem Look, nachdenklicher und mit Bart – es ist auch ein Album, das selber frischen Wind schöpft. Es gibt Entertainment (»Ich grüße ...«, vor allem aber die von Karibik-Sound getragene Feriensatire »Ich wollte immer mal nach Barbados«), es gibt nachdenkliche Akzente (»... und schlag die Tür hinter mir zu«) sowie himmlische Melodiebögen in »Und nun fängt alles das nochmals von vorne an«. Nach den vorwiegend optimistischen Alben seit »Menschenjunges« 1977 ist hier die Tonalität breiter und gehören zwei epische Antikriegslieder (»Und der Wind geht allezeit über das Land« und

»Es ist doch ein friedlicher Ort«) zu den Höhepunkten von Meys ganzem Schaffen. Die latente Politikverdrossenheit des Künstlers und der Lauf der Zeit werden in »Lasst sie reisen« und »Vielleicht werd' ich doch langsam alt« in humorvolle Reime gekleidet. Beide Stücke werden von einem ähnlichen Arrangement und einem melodischen Puls getragen, der symptomatisch ist für den dynamischen Schwung des ganzen Albums.

Alleingang, 1986

»Alleingang« erscheint in Reinhard Meys 44. Altersjahr, nur ein Jahr nach seiner letzten Veröffentlichung, deren Niveau und Variantenreichtum es weiterführt. Und es ist ein Album der Liebeserklärungen. Mey besingt seine Frau Hella in »Asche und Glut«, seine 1985 geborene Tochter Victoria-Luise in »Mein Apfelbäumchen«, und er entwirft in »Das Foto vor mir auf dem Tisch« ein bewegendes Lebensbild seiner Mutter Hertha, ausschließlich von Gitarren begleitet. Die vierte Liebeserklärung gilt seiner Heimatstadt Berlin. Nach »Ich trag den Staub von deinen Straßen« und »Zwischen Kiez und Kudamm« folgen die Berlin-Lieder Nr. 3 und 4: das Uptempo-Statement »Aber zu Haus kann ich nur in Berlin sein« und, als Schluss, die wehmütige Elegie am – wie Mey formuliert – »Bett eines Kranken«: »Berlin tut weh«.

Auf der einen Seite gibt sich das Album modern, driftet sogar Richtung Rock-Pop (pompös in »Sonntagabend auf Rhein-Main«, aber auch in den Refrains von »Asche und Glut« und »Du musst wahnsinnig sein«). Auf der anderen Seite finden sich Titel, wie sie auch zehn oder fünfzehn Jahre vorher problemlos auf früheren Alben hätten stehen können. »Aber zu Haus kann ich nur in Berlin sein« gehört dazu, ebenso das kuriose Geschenk-Verwirrspiel »Es ist Weihnachtstag« und das Kleinod »Die Schuhe«. Diese letzten beiden Lieder erinnern in ihrem fröhlichen Drive an Produktionen der 1970er-Jahre, und es ist eine interessante Fußnote, dass das vergessene Paar Schuhe melodisch Buffy St. Maries berühmten Protestsong »Universal Soldier« mitschwingen lässt. Auf einem Album, das ohne jegliche Schwäche daherkommt, ist »Nein, meine Söhne geb' ich nicht« ein bewegendes, zeitloses pazifistisches Statement, die eigenen Kinder nicht zu den Waffen greifen zu lassen. Und in »Gretel und Kasperle, Großmutter, Wachtmeister und Krokodil« wird Gesellschaftskritik in eine hintergründige Puppentheater-Moritat gekleidet.

Balladen, 1988

Gleich zwölf Erzählungen oder Balladen enthält Reinhard Meys gleichnamiges Album, das letzte vor der Wende. Und in einer von ihnen, »Die Mauern meiner Zeit«, singt er: »Der Himmel hat sich abgewandt, die Zuversicht versiegt. / Manchmal ist's, als ob alle Last auf meinen Schultern liegt. / Doch tief aus meiner Ohnmacht und aus meiner Traurigkeit / Sprühe ich das Wort ›Hoffnung‹ auf die Mauern meiner Zeit.« Dieselbe Nachdenklichkeit durchtränkt auch ein zweites Lied, »In diesem unseren Lande«, einen Country-Song, in dem er Heinrich Heines Wort »Denk ich an Deutschland in der Nacht« zitiert und die Geldverschwendung der Politiker im Angesicht der Armut im eigenen Land an den Pranger stellt.

Doch trotz dieser Mahnungen ist »Balladen« ein Album mit viel positivem Esprit. Dies ist vor allem den komödiantischen Titeln gegen scheinheilige Spießer (»Bei Hempels unterm Bett«) und Fitnesswahn (»Bodybuilding-Ballade«) zu verdanken, aber auch den turbulenten Einblicken ins eigene Familienleben (»Aller guten Dinge sind drei«, »Lulu«). Das kurze Stück »Fünf Gartennelken« ist eine Tournee-Reminiszenz von unter zwei Minuten, die an Lieder der 1960er-Jahre erinnert. Vor allem aber sind drei eigentliche Höhepunkte zu nennen: zunächst die Ballade »Das letzte Abenteuer«, vom Fliegen als letztem Kindheitstraum, mit einer der schönsten Melodielinien des ganzen Oeuvres. Dann die

»Eisenbahnballade«, Meys zweitlängstes Stück überhaupt, das den Autor auf einer Bahnfahrt die Geschichte der deutschen Bahn nacherzählen lässt. Und es gibt, nordseeinspiriert, »Das Meer«: ein Stück aus schwarzer Brandung und türkisfarbenem Licht, das musikalisch zu den schillerndsten Stücken des Singer-Songwriters gehört.

Farben, 1990

Ein großes Ereignis (die Wende 1989) und ein großes Album, das mit einem großen Lied beginnt: »Mein Berlin« – Meys fünfte Hymne an die Stadt und ein Lied, das die Zeit von den Trümmern 1946 bis zum Ende der Mauer (»wie oft hab' ich mir den Kopf an dieser Mauer eingerannt«) rekapituliert, den Jubel der Menge eingeschlossen. Die Stimme des Liedermachers hat eine besondere Dringlichkeit und Intensität auf diesem Album und der Titel »Farben« ist gerechtfertigt. Denn nicht nur die Palette der Themen ist unglaublich bunt gemischt, sondern auch die Palette der Klangfarben. Das Banjo, das 1986 in »Ein Stück Musik von Hand gemacht« erstmals in Erscheinung trat, tut dies auch hier im »Wahlsonntag«. Zudem singt Mey erstmals ein Lied zu Klavierbegleitung (»Kleines Mädchen«), zum ersten Mal sind Sängerkollegen (Klaus Hoffmann, Heinz Rudolf Kunze und Hans Scheibner) mit von der Partie (»Alle Soldaten woll'n nach Haus«) und zum ersten Mal erscheint eine Mandoline (in der überdreht fulminanten Tarantella von »In Lucianos Restaurant«).

Auf einer Palette der Emotionen, wie oft bei Mey von unglaublicher Buntheit, rangiert zuoberst die Tarantella, gefolgt von der lockeren Satire zum Wahlsonntag und den bittersüßen Erinnerungen an eine Jugendliebe (»Ich hab' meine Rostlaube tiefer gelegt«). Die Tonalität verändert sich, wird gebrochener, in Stücken zur Ablösung der Kinder (»Kinderhosenballade«, »Kleines Mädchen«,

»Zwischen den Stühlen«), in »Mein Dorf am Rande der Welt«, in »Golf November« über eine Rettungsaktion, die sich so tatsächlich ereignete, und im Protestlied »Alle Soldaten woll'n nach Haus«. Ganz dunkel werden die Farben schließlich in zwei starken, tieftraurigen Stücken. Zum einen »Allein«, die Erkenntnis, dass jeder in letzter Konsequenz genau dies ist – und am Schluss des Albums das Lied von der Einsamkeit zu zweit, »Wir«. Chapeau für den Mut, so ein intimes, zutiefst persönliches Bekenntnis mit dem Publikum zu teilen. »Farben« beginnt nicht nur, es endet auch mit einem großen, bewegenden Lied.

Alles geht!, 1992

Wo »Farben« mit Schmerz und Zweifeln endet (»Wir«), setzt »Alles geht!« ein doppeltes Zeichen von Liebe und Versöhnung. Die Ballade »Ich liebe dich«, neben »Sommermorgen« (1980) eines der schönsten Liebeslieder Meys, wird gleich zweimal aufs Album genommen, zunächst schlicht mit der Gitarre, dann nur mit dem Klavier begleitet. Und anders als bei »Farben«, wo der Musiker (übrigens zum letzten Mal auf einem Albumcover) mit seiner Gitarre posierte, posiert er nun Wange an Wange mit seiner Frau. Es ist eine starke symbolische Geste – und das ganze Werk strahlt diesen positiven Impetus, strahlt Kraft und Zuversicht aus. Da finden sich heitere Nummern (»Elternabend«, »Das Etikett«) und ausgelassene Lieder wie »Dunkler Rum«, wo das Fernweh den Sänger mitten in das Südseeparadies der madegassischen Brandung trägt.

»Peter« – eine Hommage an seinen Freund und langjährigen Tourneeorganisator Peter Graumann – kokettiert mit dem Countrysound von Gruppen wie Truck Stop, und das »Sauwetterlied« melodisch mit Meys eigenem »Hab Erdöl im Garten« vom »Ikarus«-Album 1975. Persönliche Reflexionen gelten (im schmerzvollen Lied »Grenze«) dem Unrecht am Todesstreifen und – mit nostalgischem Glanz in »50! Was, jetzt schon?« – dem eigenen Älterwerden. In »3. Oktober '91« schildert der Chronist Mey den rassistisch motivierten Mord an einem türkischen Arbeiter am deutschen Tag der Einheit; »Die

Würde des Schweins ist unantastbar« ist ein Manifest des Vegetariers für eine Welt ohne Massentierhaltung. Und das Stück »Du bist ein Riese, Max!« bleibt auch nach dem tragischen Tod von Sohn Maximilian 2014 nicht nur eine Hommage an ihn, sondern ein Manifest für die Fähigkeiten und die Kraft aller Kinder. Es ist Teil eines Albums, das in seiner Vielfalt, Lebensfreude und lyrischen Reflexion ein starkes künstlerisches Statement als Liedermacher ist.

Immer weiter, 1994

»Immer weiter« ist – in einer Reihe eindrücklicher Alben – Meys Meilenstein in den 1990er-Jahren. Es ist ein Album von großer Ernsthaftigkeit, und die drei komödiantischen Nummern »Ich möchte«, »Willkommen an Bord« sowie »... und tschüss« stellen helle Farbtupfer in einem Panorama der großen Themen dar. »Immer weiter« strahlt große Variabilität und Qualität aus – und es ist nur natürlich, dass mit wachsendem Gesamtwerk auch die Querbezüge zunehmen. Der »51er Kapitän« ist, nach der zarten Hommage an seine Mutter auf »Alleingang« (1986), eine Hommage an seinen Vater: Eine große musikalische Geste, die die Grandezza dieses vom Vater immer ersehnten, nie erreichten Opel-Statussymbols widerspiegelt. Das »Hasengebet« ist (nach »Der Bär, der ein Bär bleiben wollte« und »Die Würde des Schweins ist unantastbar«) ein starkes Plädoyer für den Tierschutz. »Selig sind die Verrückten« predigt Empathie für die an den Rand Gedrängten, wie schon früh 1971 »Der irrende Narr« und »Maskerade«.

Daneben stehen zwei intelligent überdrehte Szenarien: das sich zu beklemmendem Puls emporschraubende groteske Zerrbild »Vernunft breitet sich aus über die Bundesrepublik Deutschland« und, aus persönlichem Schulleid geboren, das orthografische Labyrinth »Der unendliche Tango der deutschen Rechtschreibung«. Zu ihnen treten vier Lieder, die sich in Intensität und Bedeutung steigern. Meys inneres Universum ist repräsentiert in der charmant-beschwingt wirbelnden Hommage »Ich liebe meine Küche« und im sommerhellen Gleichnis »Maikäfer fliege«. Sein äußeres Universum manifestiert sich in der beschwörenden Bitte des Pazifisten um »Frieden« und in seinem bewegenden Holocaust-Mahnlied »Die Kinder von Izieu«. Und mehr als zwanzig Jahre nach »Gute Nacht, Freunde« ist »Leb wohl, adieu, gute Nacht« ein würdiger neuer Kandidat für das Schlusslied eines Konzertabends.

Leuchtfeuer, 1996

Der Titel von Reinhard Meys 19. Soloalbum ist symptomatisch. Wenn er im Laufe der Jahre in der Wahl von Liedstilen und Themen immer breiter wurde, so ist auf »Leuchtfeuer« wohl ein Kaleidoskop des Nonplusultra erreicht. Von überschäumendem griechischen Flair (»Drei Stühle«) reicht die Palette bis zum überraschenden Roy-Orbison-Anklang (»Ohne dich«), vom episch-monumentalen Fliegerschicksal mit Begleitung der Berliner Philharmoniker (»Lilienthals Traum«) bis zum mystischen Groove des eindrücklich neu eingespielten »Kaspar«. Vor allem in »Sei wachsam« – einer pochenden Mahnung für Wahrhaftigkeit, gegen Machtmissbrauch und Kampfeinsätze – und in der die Restaurantessen kontrollierenden »Tierpolizei« präsentiert sich Meys Engagement in kaum zu überbietender Dringlichkeit. Und bereits Jahre vor der Beschleunigung des Alltags durch die digitale Revolution beklagt er hellsichtig, dass »Alle rennen«.

Der Sänger hadert mit seiner Vaterrolle in »Altes Kind«; er singt ein Lied über die heilende Kraft von Musik (»Gib mir Musik!«) und drei Titel über die verbindende Kraft der Liebe. Ein eindrückliches Zeugnis ist »Leuchtfeuer« allemal: von Meys musikalischer Variabilität und der Breite seiner Themenpalette. Dennoch ist nicht ganz einfach zu fassen, wie ein Stück wie die Bohrmaschinen-Klage »Irgendein Depp bohrt irgendwo immer!« auf einem Album neben der anklagenden

»Tierpolizei« stehen kann und Witzeleien über den Allerwertesten (»Pöter«) neben der tragischen Geschichte der Jugendlichen »Kati und Sandy«, die gemeinsam in den Tod springen. Es ist tatsächlich das gesamte Spektrum menschlichen Alltags, das der Liedermacher hier einfängt. Und wie im realen Leben kann dieses Nebeneinander provozieren und befremden.

Flaschenpost, 1998

Nach dem Feuerwerk auf »Leuchtfeuer« ist »Flaschenpost«, Meys 20. Album, eine Liedsammlung in meist dunkleren Schattierungen. »Flaschenpost« ist ein Album der Nachdenklichkeit und des Suchens, über Verfehlungen, Versöhnung, Verzeihen. Es ist das letzte Album im alten Jahrtausend, und der Liedermacher besingt zu Beginn symbolisch das »Narrenschiff«, unsere Welt, die in die Katastrophe geführt wird. »Das Narrenschiff« ist eine gelungene Parodie mit tiefernstem Untergrund und folkloristischem Zwischenspiel, das in seiner Stimmung an die Geisterschiffe der Piratenserie »Fluch der Karibik« erinnert. Neben dieser kulturpessimistischen Anklage fällt auf, dass Meys Lieder epische Ausmaße annehmen – fünf Stücke des Albums sind zwischen sechs und sieben Minuten lang. Und gleichzeitig tritt, wie zum Teil schon auf »Leuchtfeuer«, oft der Sprechgesang in den Vorder-, die Melodie in den Hintergrund.

Was kann man noch schreiben, wenn man, wie er in »Noch'n Lied« ausführt, schon über alles geschrieben hat? Über das Zuspätkommen im Leben, Zivildienstleistende und einen skurrilen Retter der von Gerüchen Belästigten (»Der Nasenmann«). »What A Lucky Man You Are« ist auf dem Album der optimistische Rettungsanker, »Verzeih«, mit Albrecht Mayers großartiger Oboe, der dunkle Gegenpol, und »Füchschen« eine Fortsetzung von »Sei wachsam« auf »Leuchtfeuer«. Dabei gibt sich der Künstler immer wieder selbstkritisch, sagt, dass er Spaßvogel und Weltverbesserer sein wollte, dass »wer viel hinlangt, auch mal danebenlangt«. Dies im sympathischen »Biker«, wo er sich bei Annabelle für seine beißende Satire über sie im Jahr 1972 entschuldigt. Einsicht und Reflexion prägen auch das schmerzliche Lied »Es ist immer zu spät« und den Titel »Der Bruder«: ein Alabama-Song mit Südstaaten-Groove, Mundharmonika und Background-Chor über den latenten Rassismus in uns selber. Und ganz zuletzt auf dem Album ist die Sehnsucht nach der fernen, heilen Kindheit Thema im zerbrechlich schönen Lied »Viertel vor sieben«.

Einhandsegler, 2000

Zur Jahrtausendwende erscheint Meys 21. Soloalbum. »Die Schatten werden länger, / Der graue, grame Grillenfänger / Streicht um das Haus«, singt er gleich zu Beginn mit einer symbolhaften Alliteration in »Ich bring dich durch die Nacht«, einer klassischen Hymne über Schutz und Liebe. »Einhandsegler« kreist um verschiedenste Facetten von Meys privatem Universum. Der Rückzug ins Private wird verständlich, hatte der Sänger doch schon 1988 in »Die Mauern meiner Zeit« beklagt, dass die gesamte Last (des kritischen Beobachters) auf seinen Schultern liege. In »Heimatlos« meißelt er diese Desillusionierung nun kompromisslos in Musik: »Keiner geht mehr auf die Straße, nur ein müdes Achselzucken / […] / Eine schlappe Spaßgesellschaft, ohne Moral und Ideale. / Gib ihnen Brot und Spiele, das betäubt die Republik. / Ein bisschen Love-Parade, Schmuddel-TV und Volksmusik«. Mey (der seit 1999 den Bootsschein zur Küstenschiffahrt hat) flüchtet sich auf den »Einhandsegler«, so der gleichnamige Liedtitel, und er findet sein »Paradies«: ein Lied, das mit seinen geradezu elysischen Bach'schen Klangschweifungen von Flöte, Harfe und Oboe eine wahrhaft paradiesische Poesie entfaltet.

Es gibt auf »Einhandsegler« weitere bemerkenswerte Lieder, neben der eröffnenden auch die abschließende Hymne über Schutz und Liebe, »Lass Liebe auf uns regnen«, sowie die stilechte Jazz-Hommage an »Chet«

Baker. Und es gibt große Lieder, die mit je sieben Minuten an der gegenüberliegenden Seite der Gefühlsskala stehen. »Serafina« einerseits ist die überbordende, augenzwinkernde Hymne an die vermeintlich italienische Kellnerin im italienischen Restaurant, die sich zuletzt als ukrainische Valentina entpuppt. »Erbarme dich« andererseits ist in seiner Eindringlichkeit ein singuläres Lied: Im schleppenden Stil einer Tragödie, eines Klagegesangs gehalten, ist es die Schilderung eines Pferdetransportes aus Litauen nach Sardinien, bei der dem Publikum das Blut in den Adern gefriert.

Rüm Hart, 2002

»Rüm Hart« heißt auf Friesisch »Großes Herz«, und der Spruch der friesischen Flagge (Klaar Kimming / Rüm Hart – Klare Kimme [Horizontlinie] / Großes Herz) steht passend über Meys 22. Soloalbum. Der Horizont, stilistisch und inhaltlich, weitet sich, und dies ist gleich im Titellied »Rüm Hart« ersichtlich, das die Freundschaft mit einem ostafrikanischen Tellerwäscher auf Sylt schildert und sich von einem schlichten Chanson in einen ekstatischen Groove mit südafrikanischen Background-Sängerinnen transformiert. Es gibt die gelungene komödiantische Szene »Neulich in der Dessous-Abteilung«, die an humoristische Episoden Meys aus den 1970er-Jahren erinnert, und das Lied »Weißt du noch, Etienne«, das Meys Sommerferien als Kind in Frankreich schildert, aber mit Etiennes Unfalltod in Tragik endet. »Mein Land« hält die Ambivalenz, mit der sich Mey in Deutschland (nicht) zu Hause fühlt, in einer sensiblen Waagschale der Gefühle. Und »Frei!« erinnert im beschwörenden Gestus seines Refrains nicht nur an »Frieden« vom 1994er-Album »Immer weiter«. In der Schilderung, wie ein Vogel aus seinem Käfig, aus Gefangenschaft, flieht, gemahnt es auch an »Ikarus« von 1975, wo sich der Pilot Mey aufschwingt, um ebenfalls »aus Gefangenschaft zu flieh'n«.

Auch mit 60 Jahren ist Singen für den Liedermacher Lebenselixier. »Ich singe um mein Leben« heißt es im gleichnamigen, entwaffnenden Titel auf »Rüm Hart«,

»ich singe, um nicht aufzugeben«. Nicht aufgeben heißt, die Stimme gegen die Fesseln des Schulunterrichts erheben, gegen Profilierungssucht, gegen Kindsentführung und -missbrauch (»Der Wiesel«). Und in diesem, seinem Leben wächst die Liebe (»Immer mehr«), aber auch die Sorge um geliebte Kinder, die ihre eigenen Wege gehen (»Schwere Wetter«).

Nanga Parbat, 2004

Es gibt auf »Nanga Parbat« gleich eine Anzahl Themen, die noch nie Inhalt eines Mey'schen Liedes waren: der Friedhof (im gleichnamigen locker-flockigen Song mit »Gräberlatein«), ein Cabrio (»Spider Man«) und die Kritik an der Macht der katholischen Kirche (»Ich glaube nicht«), ein Lied, das sinnigerweise die Melodie eines anderen seiner Anti-Macht-Lieder anklingen lässt: »Lasst sie reisen« von 1985. Im Lied mit dem umständlichsten Titel bei Mey (»Kennst du die kleinen, nicht wirklich nützlichen Gegenstände?«) feiert das Cembalo, das in vielen frühen Liedern zum Einsatz kam, ein Comeback. Auf »Nanga Parbat« sind aufrichtige Lieder gegen Gewalt (»Die Waffen nieder!«, nach dem Schlachtruf der Friedensaktivistin Bertha von Suttner) und über die Liebe (»Ich liege bei dir«) zu hören. Doch können sie es kaum mit den vier Titeln aufnehmen, die das Album zu Beginn und am Ende, gleichsam jeweils als inspiriertes Doppelpaar, einrahmen.

»Von meiner schweren dunklen Seele / bist du der helle federleichte Schein«, singt der Liedermacher in »Douce France«, einer wunderschön von französischer Akkordeon-Melancholie durchtränkten Liebeserklärung und Jugenderinnerung an seine Austauschzeit in Paris. »Douce France« folgt direkt auf seine im Karibik-Sound eingebettete Anklage an die US-Regierung (»Alles OK auf Guantanamo Bay«), mit der das Album beginnt und die sich einreiht in Meys eindrückliche Sammlung von

Liedern gegen Unrecht und Krieg. Und bevor das Album in »Sommerende« bittersüß und gitarrenzart ausschwingt, rekapituliert der Musiker in einem neuneinhalbminütigen Epos das Bergtod-Drama von Reinhold Messners Bruder Günther am Nanga Parbat 1970. Es ist Meys erstes »Berglied« und gleichzeitig, in filmmusikartig orchestraler Kulisse, ein ungewöhnliches Mahnmal der legendären Tragödie.

Bunter Hund, 2007

Reinhard Mey steht im 65. Altersjahr, als sein 24. Soloalbum erscheint. Im Titellied münzt er Redewendungen rund um das Haustier Hund auf sich selber und proklamiert: »Ich komme nicht, wenn ich gerufen werde, / Ich laufe nicht mit und ich hüte nicht die Herde. / Kein Halsband, keine Hundemarke, keine Leine, / Keinen Maulkorb, das ist die Freiheit, die ich meine! / Ich bin verfemt, weil ich nach meinen Regeln leb', / Nicht ›Männchen‹ mache und nicht ›Pfötchen‹ geb'. / Ich rede keinem nach dem Mund. / Ich bin ein bunter Hund.« Wie stets in seiner Karriere pocht er also auf seine Autonomie als Mensch und Künstler – und sein Blick auf diesem Album ist vor allem privater Natur. Er geht zurück zu prägenden Jugenderinnerungen schöner (»Sommer 52«, »Schraders Filmpalast«) oder aber quälender Natur: dann, wenn die »Drei Kisten Kindheit« der eigenen ausgezogenen Kinder an eigene Schultraumata erinnern. Meys Blick auf »Bunter Hund« ist versöhnlich gegenüber den Launen des Schicksals (»Danke, gute Fee«), aber auch zornig gegenüber der Macht in der Vergangenheit (»Friedrichstraße«), Macht in der Gegenwart (»Kai«) und der Macht der Versuchung (»Der Fischer und sein Boss«). Es gibt Hommagen an seine Schwester (liebevoll: »Große Schwester«) und seine Frau (verspielt: »Ich bin verliebt in meine Sekretärin«) sowie an die Kraft der Liebe (das alte französische Lied »Le Temps des cerises« als Hidden Track). Und die Walz der Gesellen (»Drei Jahre und ein Tag«) erhält einen wunderschön beschwörenden Refrain zum Text »Wir alle seins Brüder, / Wir alle seins gleich!«.

Der Erzählstrom des Albums erscheint sehr kompakt, melodisch ragen aus ihm nur zwei, drei Stücke heraus. »Der Fischer und sein Boss« ist ein kraftvolles, sich zuspitzendes Irish-Folk-Drama über den Untergang im Meer. Im Lied über »Kai«, den im Bundeswehreinsatz umgekommenen Offizier, bleibt der eingängige Refrain haften. »Ich brauche einen Sommelier« schliesslich ist das mitreißendste Stück des Albums. Als selbstbewusste, quirlig-hintersinnige Therapieanleitung hat es alle Ingredienzien eines Klassikers.

Mairegen, 2010

»Mairegen komm und regne / Regne in mein Herz / Regne meinen Kummer fort / Lindere meinen Schmerz«, singt Reinhard Mey im Titellied. Wir schreiben das Jahr 2010, und »Mairegen« ist ein ernstes Album. Im Jahr zuvor ist Meys zweiter Sohn Maximilian in ein Wachkoma gefallen und nicht nur das Titellied und das Lied »Drachenblut«, sondern das ganze Album ringen mit diesem furchtbaren Schicksalsschlag. In »Drachenblut« tritt die blaue Blume, Symbol des Unendlichen, der Liebe und der Ferne, die schon in »Du bist ein Riese, Max!« von 1992 vorkam, wieder in Erscheinung: Zeichen von Hoffnung in einer Zeit ohne Aussicht. Man ahnt, wie sehr sein Lied von 2002, »Ich singe um mein Leben«, in dieser Zeit der Trauer und Angst wörtlich zu nehmen ist. Die Lieder und seine Stimme wirken zerbrechlich, ganz nach innen gekehrt, und auch die Arrangements sind gedämpft, zurückgenommen. Dies trifft nicht nur auf persönliche Reflexionen wie »Wir sind eins« oder »Spring auf den blanken Stein« zu, sondern auch auf Lieder, die eigentlich eine optimistische Botschaft teilen: »Antje« (über die Liebe zur Provinz), »Gute Seele« (über ebendiese guten Geister) oder »Das Butterbrot« und »Das erste Mal«. Es ist bezeichnend, dass auch ein neues Fluglied auf dem Album »Nachtflug« heißt.

Kämpferische Akzente setzt der Liedermacher mit »Gegen den Wind« – dem Leitfaden seines Lebens und ein Motto, das zum Abschluss des Albums mit »Was keiner wagt«, einem Ausklang von und mit Konstantin Wecker(s Lied) aufgegriffen wird. Neben der wertvollen biografischen Erinnerung an die »Rotten Radish Skiffle Guys«, Meys Band der 1950er-Jahre, steht als Gegenpol »Larissas Traum«. Der Sänger geißelt hier die »Scheinexekution«, mit der in Castingshows Musiktalente auf dem Altar der Einschaltquoten geopfert werden. Das Lied ist gleichzeitig die an Deutlichkeit nicht zu übertreffende Fortsetzung von »Daddy Blue« aus dem Jahr 1979.

dann mach's gut, 2013

»Nein, hadern dürfen wir nicht – / Doch wir dürfen weinen«, singt Mey in »Lass nun ruhig los das Ruder«. Dass Abschiednehmen und Vergehen Teil des Lebens sind, findet sich auf seinem 26. Soloalbum in Zeilen gegossen. Sie lassen die Trauer und den Trauerprozess ahnen, vier Jahre, nachdem Sohn Maximilian ins Wachkoma gefallen ist. Doch es finden sich auch Trost und neue Hoffnung, in der Rolle als Vater und Großvater (»Vater und Sohn«, »Fahr dein Schiffchen durch ein Meer von Kerzen«). Die Lieder sind dem Privaten gewidmet, der Liebe nach Jahrzehnten, der Liebe, die einen Gitarrenspieler (= Mey) erwählt, der Liebe zur Familie. Die Qualität der 17 (!) Songs liegt in vielen aparten Details, in den buddhistischen Klängen des Abschiedsliedes »Dann mach's gut«, in den aparten Intermezzi zu »Vaters Mantel«, im Country-Groove dreier Lieder, in den quasi mittelalterlichen Anklängen in »Spielmann«, in dem sich der Liedermacher selbst in die Tradition der Troubadours und Bänkelsänger stellt.

Es ist eine – vielleicht unbewusste, aber berührende – Anknüpfung, wenn er die Strophen von »Spangen und Schleifen und Bänder«, das das Heranwachsen seiner Tochter thematisiert, mit der teils gleichen Melodie singt wie »Die Kinder von Izieu« (1994), denen dieses Heranwachsen verwehrt blieb. Und es ist witzig und symbolhaft, wenn er in der beschwingten Hommage an seinen Musikerkollegen Wolfgang Petry (»Wolle«)

deutliche melodische Assoziationen an »Daddy Blue« von 1979 anklingen lässt. »Das Taschentuch« ist eine gelungene Verbeugung vor einem alltäglichen Utensil, »Tiergarten« eine sympathische Verbeugung vor Mey selber seitens seiner Garten-Mitbewohner. »Gute Kühe kommen in den Himmel« schließlich paraphrasiert den Titel von Ute Ehrhardts Bestseller von 1994 (»Gute Mädchen kommen in den Himmel, böse überall hin«). In einer swingenden Country-Tierfabel des Vegetariers Mey erheben sich die Kühe, dem Piratenmotto Klaus Störtebekers folgend: »Lieber tot als Sklave.«

Mr. Lee, 2016

Der mysteriöse Mr. Lee auf Reinhard Meys 27. Soloalbum ist selbstverständlich sein Sohn Maximilian, der 2014 nach fünf Jahren im Koma starb. Von vorhergehenden Alben wissen wir, dass Maximilian ein Weltenbummler war, schweigsam und (spätestens seit dem entsprechenden Titel 1992) ein »Riese«. Im Lied »Mr. Lee« sind die Indizien deutlich: Mr. Lee ist ein »weißer Elefant«, der nicht viel redet, aber die Berliner Havelchaussee verlässt, um sich weltgewandt in Kambodscha zu bewegen. Ein Indiz (bewusst?, unbewusst?) suggeriert auch die Musik selbst, denn der Refrain hat so deutliche Anklänge an »Poor Old Germany« von 1980, dass klar wird, dass Mr. Lee kein Einheimischer ist, sondern ein Deutscher, den es nach Pnom Penh verschlagen hat.

Nicht nur mit dem bestürzenden Schicksal seines Sohnes und seiner Familie, sondern auch mit der Vergänglichkeit, der Liebe und den Geistern der Vergangenheit geht der Liedermacher auf diesem Album mit so einer Abgeklärtheit, Weitsicht und Milde um, dass »Mr. Lee« als DAS große Alterswerk von Reinhard Mey bezeichnet werden darf. »Hörst du, wie die Gläser klingen« ist eine schmerzhafte Reminiszenz an Kindheit und Jugend, »So viele Sommer« fragt nach der verbleibenden Lebenszeit, und in »So lange schon« trauern die Eltern: »Wir streuen eine Handvoll Blumenblätter in den Sommerwind,/Auf dunkelgrünen Efeu flattert rot leuchtender Mohn,/Ein stiller Gruß, ein Lächeln für ein verlornes Kind. / Du fehlst uns, du fehlst uns so lange schon.« Es gibt auf »Mr. Lee« das flehende »Im Haus am Meer«, das geistreiche »Nach dem Regen folgt die Sonne«-Verzeihlied »Wenningstedt Mitte« und es gibt »Dr. Brand«: eine berührende Verneigung vor Meys einstigem, von den Kindern verspotteten Lateinlehrer, der als homosexueller Häftling im KZ Sachsenhausen war. Daneben schöpft Mey neuen Lebensmut, erklingen humorvoll-optimistische und augenzwinkernde Lieder wie »Herr Fellmann, Bonsai und ich«, »Wenn Hannah lacht« und »Heimweh nach Berlin«. Dies alles geschieht in tiefsinnigen Texten und einem konsistenten, authentischen Musikstrom, der nie nach Aufmerksamkeit heischt. Das stimmigstmögliche Fazit zieht Mey am Schluss, wenn er Klaus Hoffmanns »Zeit zu leben« singt, als sei es sein eigenes, sein ureigenes musikalisches Kind.

Das Haus an der Ampel, 2020

Vier Jahre sind vergangen seit »Mr. Lee«, und das neue Album »Das Haus an der Ampel« (= Meys Elternhaus) erscheint wie ein verklärter, milder Nachtrag, ein versöhnlicher Blick des 77-jährigen, dessen einstiger Zorn der Einsicht des »Alles ist gut« gewichen ist. Der inhaltliche Fokus auf das Private wird zusätzlich dadurch unterstrichen, dass auf einer zweiten CD alle Songs nur mit Gitarrenbegleitung, als »Skizzenbuch«, eingespielt wurden. Die thematische Palette der Lieder ist durchaus breit gespannt, vom Altern (»Im Hotel zum ewigen Gang der Gezeiten«), über den begleiteten Tod in der Schweiz (»Gerhard und Frank«), von Einblicken ins Sängerleben (»Der Vater und das Kind«, »In Wien«) zu feinsinnigen Reflexionen (»An meinen Bleistift«, »Menschen, die Eis essen«) und schmunzeln lassenden Begebenheiten mit überraschendem Happy End (»Ich liebe es, unter Menschen zu sein«).

»Häng dein Herz nicht an einen Hund« ist eine späte Ergänzung der sehr viel früheren Hundehymnen »Es gibt Tage, da wünscht' ich, ich wär mein Hund« (1975) und »An meinen schlafenden Hund« (1977). Das Wichtigste jedoch ist »Bleib bei mir« – »Wir haben jedem Kind ein Haus gegeben« – »Glück ist, wenn du Freunde hast«: Botschaften, die mit Inbrunst, Ernsthaftigkeit und Humor in Klang gefasst sind. Im Titellied, dem Lebensfazit »Das Haus an der Ampel«, werden gar Generationen, wird die Endlichkeit überbrückt, wenn Mey seine Eltern auferstehen lässt und ihnen von Familie, Enkeln und Urenkeln erzählt. Kaum ein Lied ragt heraus aus einer sehr homogenen musikalischen Grundstimmung – es scheint, als müsse sich die Variabilität einer Geste der Einheit, des Versöhnlichen beugen. Und in Anknüpfung an verschiedene Trinklieder in seinem Werk wünscht sich Mey in »Was will ich mehr«, nach einem erfüllten Leben doch im Anschluss an ein Zechgelage zu Grabe getragen zu werden.

P.S. Die Geschichte der scharlachroten Bänder, der »Scarlet Ribbons«, besingen Reinhard Mey und seine Tochter Victoria-Luise quasi als Zugabe in einem betörenden Duett von Vater und Tochter. Es ist eine von vielen Coverversionen dieses populären Songs von 1949 und es ist der eigentliche Höhepunkt von »Das Haus an der Ampel«. Schon auf »Mr. Lee« erschien ein schönes Duett beider Meys mit »Lavender's blue«. Beide Lieder bedeuten für den Sänger eine Rückkehr zum Englischen, wohin ihn 1970 mit seinem einzigen englischsprachigen Album »One Vote for Tomorrow« ein doch eher verunglückter Abstecher geführt hatte. Und zusätzlich zu diesen beiden englischen Liedern sind es auf den vorhergehenden drei Alben drei Fremdkompositionen, mit denen der Liedermacher einerseits Weggefährten seine Referenz erweist und gleichzeitig seine eigene Botschaft, sein eigenes Denken nochmals vertieft, den Alben quasi eine zusätzliche Signatur verleiht. Auf »Mairegen« von 2010 zollt Mey seinem langjährigen Liedermacher-Weggefährten Konstantin Wecker Tribut mit dessen Lied »Was keiner wagt« – ein Text, der die nonkonformistische Haltung einfordert, die immer ein roter Faden in Meys Liedern war (»Bevor ich mit den Wölfen heule« 1972, »Gegen den Wind« 2010). Auf »dann mach's gut« erweist der Sänger 2013 seinem ebenfalls langjährigen Weggefährten Hannes Wader die Ehre mit »Es ist Zeit«. Waders Version ist die deutsche Fassung von Eric Bogles Anti-Kriegslied »No man's Land« von 1976, das am Grab eines im Ersten Weltkrieg in Frankreich gefallenen Soldaten die Menschheit beschwört, Kriege zu verhindern – eine Mahnung, die auch Mey wiederholt eindringlich vorgebracht hat (»Es ist doch ein friedlicher Ort« 1985, »Nein, meine Söhne geb' ich nicht« 1986). Und »Zeit zu leben« seines Freundes Klaus Hoffmann, erschienen 2016 auf »Mr. Lee«, rekapituliert quasi wie in einem Brennglas Meys Einsicht der vergangenen Jahre: »Und der Wind fegt all die Blätter fort, / Und der Tod ist mehr als nur ein Wort. / Denn nichts bleibt, nichts bleibt, nichts bleibt. / Kein Ring, kein Gold, kein Leid. / [...] / Es wird Zeit zu leben, endlich Zeit.« – Als Künstler hat Reinhard Mey in seinen Liedern seine Lebenszeit und das Leben in seiner Zeit gespiegelt, gebannt und bewahrt – als poetische Vergegenwärtigung des Mysteriums Leben und als Manifest gegen die Vergänglichkeit.

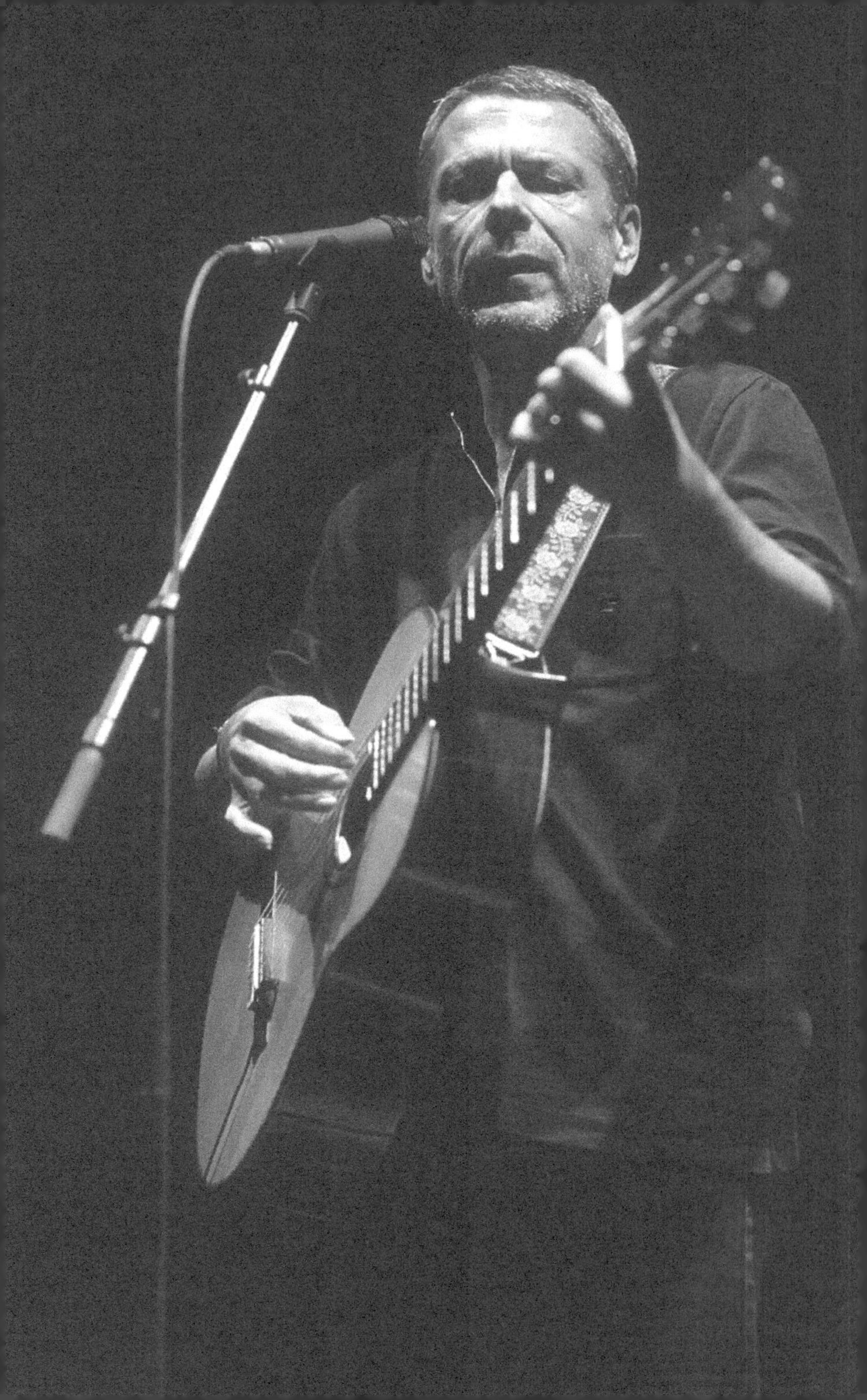

5 ZUGABEN

»Es ist nicht zu verleugnen, dass gerade wir Kritiker und Journalisten über die Jahre immer weniger umzugehen vermochten mit dieser so ungekünstelten und so entwaffnenden Menschlichkeit. Mitunter unempfänglich, ja geradezu taub für die Lieder eines Reinhard Mey sind manche von uns geworden. So taub, dass viele von uns nicht einmal mehr das zupackende, sozialpolitisch stets überaus engagierte Wesen von Reinhard Mey haben hören können, hören wollen.«[3]

David Wonschewski,
Autor und Kulturjournalist

»In meinem Garten«, 1970
»Das letzte Abenteuer«, 1988
»Dunkler Rum«, 1992
»Paradies«, 2000
»Das Haus an der Ampel«, 2020

PARADIES

Wo ist das Paradies, wo das Glück zu finden? Wo findet die Seele Ruhe, eine Heimat? Reinhard Mey ist dieser Frage immer wieder und nicht nur in diesen fünf Liedern nachgegangen. Doch sie symbolisieren die Suche nach einer Antwort auf diese existenzielle Frage, auf seinem Lebensweg und in seiner Künstlerkarriere.

Ein sehr tiefgründiges, symbolhaftes Lied ist »In meinem Garten«, 1970 auf »Aus meinem Tagebuch« eingespielt, die Stimme nur von Gitarre und Bass begleitet. Es ist ein ausgesprochen differenziertes Lied im ungewöhnlichen 3/8-Takt, mit den typischen, etwas verschachtelteren Strukturen und Harmoniefolgen und den melodisch weiten Sprüngen vieler früher Lieder. In Strophe eins blüht im Garten der Rittersporn, blaues Symbol von Treue, Wahrhaftigkeit und Schutz, und unter Meys brüchigem Dach hat sich ein Rabe, Symbol der Weisheit und Vorhersehung, sein Nest gebaut.

In Strophe zwei hat sich seine Freundin zu ihm »verirrt«, und der Sänger schenkt ihr, »weil ich sonst nichts zu schenken fand«, seine Seele. Doch in Strophe drei ist der Rittersporn verwelkt und der Rabe entflogen, und in Strophe vier bittet der Sänger, dass ihn seine Freundin nicht verlasse – denn dann nähme sie auch seine Seele und sein Leben mit. Das Lied beginnt in h-Moll, wechselt auf die Strophenmitte, heller werdend, nach H-Dur, bevor es zurück nach h-Moll pendelt und sich der Kreis wieder schließt. Es gibt keinen Refrain, nur die schlicht, klar und illusionslos vorgetragene Melodie jeder Strophe. Sie schwingt zur Strophenmitte mit Impetus in die Höhe und am Strophenende, auf Worte des Verlusts, wieder resigniert zurück. Es sind vier Szenen, deren Ausgang offenbleibt. Doch die Situation ist fragil und das erhoffte Paradies ein bedrohter Garten Eden.

Der Ort, wo das Paradies und das Glück stets zu finden sind: Das ist der Himmel, das ist die Sehnsucht aufzusteigen, und in dieser Erfüllung ist ein Stück Kindheit eingeschlossen. Auf seinem Album »Balladen« widmet Mey diesem Moment der Verheißung das wunderschöne Lied »Das letzte Abenteuer«. Die »alte Flugmaschine« steht im Hangar, eingemottet für den Winter, und der Sänger weiß, sie ist der »letzte Kindertraum«, sein Fluchtpunkt, der es ihm ermöglicht, dass er nach der Landung »ohne Grollen ruhig hier unten bleiben kann«.

Meys Schreibweise hat sich über die Jahre verändert. Ist »In meinem Garten« ein Gitarrenchanson, das in seiner unterschwelligen Melancholie, seiner kleingliedrigen Struktur und der auf- und abspringenden Melodik verzaubert, aber auch ein bisschen wie aus einer anderen Zeit wirkt, so steht hier nun die entwaffnend fließende, bezwingende Geste, die im wunderbaren melodischen Ausbruch des Refrains kulminiert. Dieser Refrain setzt zweimal mit für Mey typischen Sextsprüngen an und führt die Melodie an ihren oberen Tonumfang. Inbrünstig flehend, aus tiefstem Herz gesungen, ist er quasi die Inkarnation der Sehnsucht: die befreiende Beschwörung eines temporären Paradieses, in dem – »bevor ich ganz erwachsen werd'« – eine Zeitkapsel Kindheit bewahrt ist. Eindrücklich auch, wie organisch diese Entwicklung komponiert ist, wie das Lied in Ges-Dur seine Botschaft mit aparten Wechseln der Dur- und Mollakkorde der Ges-Dur-Tonleiter einfärbt. Wie es sich in zwei Etappen zum Refrain hin aufbaut, wobei ein berührender Septsprung einmal aufwärts- und dreimal abwärtsführt. »Das letzte Abenteuer« ist ein außergewöhnlich harmonischer Liedbogen mit großartig strömender Melodie.

»Dunkler Rum«, vom 1992er-Album »Alles geht«, ist ein eigentlicher Gassenhauer, ein Lied, das sich von einem einfachen Chanson in einen rhythmusgetriebenen Feel-good-Ohrwurm mit Südseeflair und einem Hauch von Piratenromantik und Afrolook entwickelt. Es sind Kondensstreifen am Himmel, die des Künstlers Fernweh stimulieren. Und das Paradies hier ist die paradiesische Südseeprojektion, von Mey im Büroalltag evoziert, durchaus voll von Sehnsuchtsbildern und Klischees, voll von Paradiesvögeln über türkisfarbenem Meer, von Blumenketten, weißen Menschenfreunden und Wohltätern: »So viel Schönheit und Licht / Strahl'n aus jedem Gesicht, / Dass die Ankerkette zur Wirklichkeit bricht.«

Das Lied baut sich aus sehr eingängigen, zweitaktigen Melodieteilen auf, die sich in den stampfenden, ab und zu von eingeschobenen 16tel-Noten angetriebenen Refrain steigern. Begleitet wird Mey von 15 Fernweh-Touristen, Aussteigern, die den Büroalltag hinter sich lassen. Und so erzählt »Dunkler Rum«, ohne den Anspruch zu erheben, die Realität Madagaskars politisch korrekt widerzugeben, von einer zivilisationsmüden Gesellschaft, die fern der heimatlichen Gestade ihr Paradies herbeisehnt.

Doch wo ist das Paradies, wenn nicht in der Ferne? Es liegt dort, wo wir schon immer zu Hause waren, wo alte Häuser aus dem Morgennebel auftauchen, wo Raureif liegt und Erntefeuer schwelen. »Nur, um das zu finden, weiß ich heut, hab' ich mich aufgemacht«, singt Mey, »Hat mich eine tiefe, dunkle Sehnsucht doch ans Ziel gebracht, / Musst' ich mein Kap Horn umsegeln und meine Wüsten durchquer'n: / Ich bin den weiten Weg gegangen, nur um endlich heimzukehr'n!«

Die Musik von »Paradies« (2000 auf »Einhandsegler« erschienen): Sie ist wie ein Himmelstraum, eine eigentliche Paradiesszene in glanzvoll schimmerndem A-Dur. Die traumverlorene Ambiance wird durch einen Schwebezustand ausgedrückt: Der Puls ist aufgeweicht und wechselt zwischen einem 2/4- und einem 4/4-Takt. Mey singt die Verse behutsam und beschwört im Refrain das Wort PARADIES!, das stufenweise im Terzraum aufsteigt, worauf der Refrain nochmals stufenweise eine Quarte steigt und auf den Ausgangston niederfällt: HIER IST DAS PARADIES! Für einmal jedoch ist der Sänger und Erzähler nur der Nebendarsteller inmitten eines grandiosen barocken Arrangements, in dem Querflöte, Harfe und Oboe wie ein Atem aus dem Morgentau steigen. Die Beschwörung des Refrains wird von Querflöte und Oboe elysisch paraphrasiert, verziert, überhöht.

Ein wahrhaft paradiesischer musikalischer Bogen, ein himmlisches Klangbad, das dem Titel alle Ehre macht.

Das Paradies als Heimweg, als der Ort, wo man schon immer zu Hause war – all dies fügt sich zusammen in einer über achtminütigen Gitarrenballade, die von einem kräftigen Gitarrengroove eingeleitet und über die ganzen acht Minuten gestützt wird. Der Liedermacher bleibt in »Das Haus an der Ampel«, dem Titelstück seines bisher letzten Albums, mit dem Auto an der Ampel direkt vor seinem Elternhaus stehen. Ein Tagtraum bemächtigt sich seiner: Im Elternhaus erzählt er seinen wieder zum Leben erwachten Eltern davon, wie das Leben so spielte, von Anekdoten, von ihm, ihren Enkeln, ihren Urenkeln. Lebensbogen und Fazit – home is where your heart is.

»Das Haus an der Ampel« ist kein auf den ersten Blick spektakuläres, aber dennoch ein erstaunliches Lied: Wie kann es möglich sein, dass die Erzählung eines Lebens in 38 überlangen Verszeilen fast ausschließlich mit den drei Grundakkorden Es-As-B auskommt, ohne zu ermüden? Der Groove der Gitarren befeuert die Ballade ohne nachzulassen während des ganzen Songs, und die Melodie dreht sich in Terzräumen wie um eine Achse, jeweils über 20 Silben lang. Die Stimme akzentuiert den je ersten Schlag jedes 3/4-Takts: Es entsteht ein zwingender, kontinuierlicher Sog, der die Erzählung vorwärtstreibt. Mey möchte dieses Leben erzählen, und es scheint, als habe sich diese Erzählung auf das Wesentliche fokussiert, auf die Essenz von drei Akkorden reduziert, und als bestätige der insistierende Rhythmus, der insistierende Gitarrengroove: Ja, so war es, dies ist der Kern – dies war und ist das Paradies.

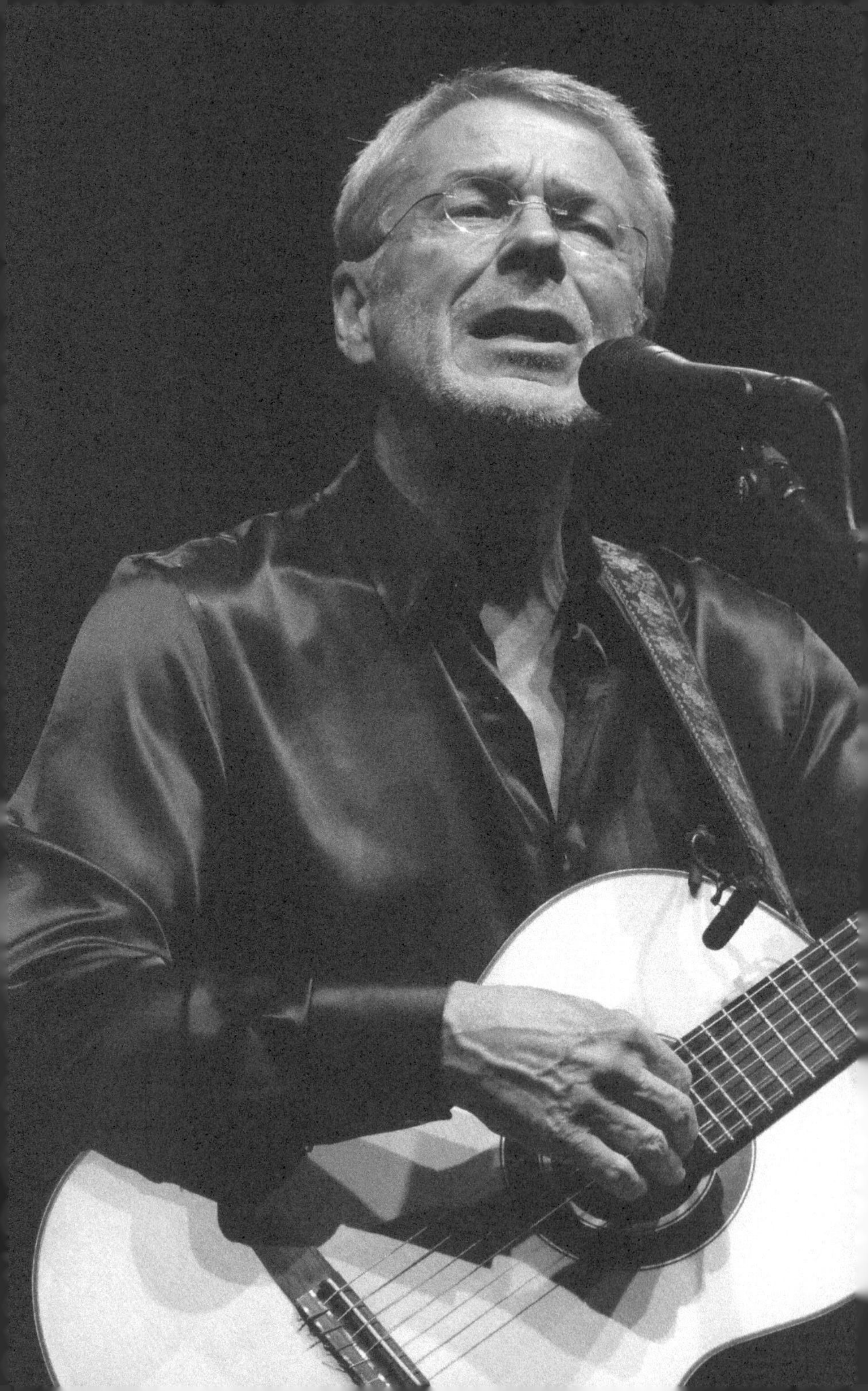

ANHANG

»Der Wunsch, der Traum war immer da, solange ich denken kann. Musik als Beruf zu haben, das war immer das, wovon ich geträumt habe, was ich mir immer sehnlichst gewünscht habe.[4]

Reinhard Mey

BIOGRAFIE

Reinhard Mey ist Deutschlands bekanntester und erfolgreichster Liedermacher und seit 50 Jahren einer der populärsten und prägenden deutschen Musiker. Geboren am 21. Dezember 1942 in Berlin, wo er bis heute lebt, schloss er 1963 am Französischen Gymnasium Berlin mit dem Deutschen Abitur und dem französischen Baccalauréat ab und begann eine Lehre als Industriekaufmann. Doch die Musik trat rasch in den Vordergrund, obwohl sich Mey 1966 an der Technischen Universität Berlin noch im Fach Betriebswirtschaft immatrikulierte.

Schon 1957 war Mey Mitglied der »Rotten Radish Skiffle Guys«, 1961 Teil des Trios »Les Trois Affamés«, 1964 folgte der prägende erste Auftritt beim Chanson-Festival auf der Burg Waldeck. Zwei Jahre nach seiner ersten Single erschien 1967 seine erste deutschsprachige LP »Ich wollte wie Orpheus singen«. Ende der 1960er-Jahre lebte Mey, seit 1967 (und bis 1976) mit der Französin Christine Solleau verheiratet, immer wieder in Paris, und etablierte sich zunächst dort als Chansonnier. Seine erste französische Platte »Frédérik Mey, Volume 1« wurde 1968 mit dem »Prix International« der »Académie de la Chanson Française« ausgezeichnet. Mit dem Doppelalbum »Reinhard Mey – Live« gelang 1971 der definitive künstlerische Durchbruch auch in Deutschland, gefolgt von der ersten großen Deutschlandtournee. Neuerscheinungen, Tourneen und Auszeichnungen reihen sich seither in dichter Folge aneinander; allerdings konzentrierte sich Mey seit 1982 aus familiären Gründen auf seine deutschsprachige Karriere. Neben 28 deutschsprachigen Studioalben hat Mey bisher 17 deutschsprachige Live-Alben vorgelegt; seine umfangreiche Diskografie umfasst daneben sieben französischsprachige Studio- und drei französischsprachige Live-Alben sowie verschiedenste weitere Tonträger (Benefiz-Alben, Kompilationen, EPs, Singles, niederländische Alben).

In der Auflistung der Ehrungen und Auftritte sind unter anderem die Gastspiele im Pariser »Olympia« (1974) und »Bobino« (1979) zu erwähnen, die Verleihung des Deutschen Kleinkunstpreises (1995), des Echos (1983) und der Goldenen Europa (2002) für sein Lebenswerk, des Verdienstorden des Landes Berlin (1987), des Deutschen Musikautorenpreises (2011) und, zweimal, 1983 und 2001, die Verleihung des Bundesverdienstkreuzes. Seit Mitte der 1980er-Jahre setzt sich Mey mit Benefizkonzerten und Sonderausgaben seiner Lieder für humanitäre Anliegen ein: für krebskranke und missbrauchte Kinder, Kinder aus Kriegs- und Krisengebieten, für die deutsche Kinder-AIDS-Hilfe, für bedürftige Menschen, Seenotrettung und Flüchtlingshilfe, Tierschutz und

Zwangsarbeiter. Meys pazifistisches Engagement stieß zuletzt wieder auf großes Echo mit Videoclip und Neueinspielung seines Antikriegsliedes »Nein, meine Söhne geb' ich nicht«, das 2020 in einer Kooperation von zwei Dutzend Musiker*innen unter dem Namen »Reinhard Mey & Freunde« veröffentlicht wurde.

Seit 1977 ist Reinhard Mey in zweiter Ehe mit Hella Hennies verheiratet; aus der Beziehung stammen die drei Kinder Frederik (*1976), Maximilian (1982–2014) und Victoria-Luise (*1985).

ANMERKUNGEN

1 Hilmar Klute: Poet des Alltäglichen, Süddeutsche Zeitung 21.12.2012, https://www.sueddeutsche.de/kultur/reinhard-mey-wird-70-poet-des-alltaeglichen-1.1556369-0

2 Reinhard Mey, in: Frank Hauke, Alles neu macht der Mey, Focus 23/2004, https://www.focus.de/panorama/boulevard/alles-neu-macht-der-mey-entertainment_id_2797605.html

3 David Wonschewski: Rückblick: Mein Interview mit Reinhard Mey, https://davidwonschewski.wordpress.com/2020/07/11/rueckblick-mein-interview-mit-reinhard-mey

4 Reinhard Mey, in: Reinhard Mey mit Bernd Schroeder, Was ich noch zu sagen hätte, Kiepenheuer & Witsch 2005, S. 47

QUELLEN

Als zentrale Quelle stützt sich dieses Buch auf das, was Reinhard Mey selber publiziert hat: die Musik und Texte seiner Lieder auf seinen 28 deutschsprachigen Studioalben von 1967–2020. Alle deutschsprachigen Soloalben sind noch im Handel verfügbar und auch auf Spotify abrufbar, dort allerdings nicht immer mit ihrem originalen Erscheinungsjahr verzeichnet.

Mey hat die Noten seiner Alben der letzten 40 Jahre auf www.reinhard-mey.de freigegeben. Einzig für die Lieder der ersten zehn Alben muss auf die Anthologie »Reinhard Mey. Von Anfang an« (Voggenreiter) zurückgegriffen werden. Die Notierung der publizierten Lieder stimmt dabei nicht in jedem Fall mit der Originaltonart auf dem Album überein.

Reinhard Meys Autobiografie (Reinhard Mey mit Bernd Schroeder, »Was ich noch zu sagen hätte«, Kiepenheuer & Witsch 2005) und Aussagen von ihm in Berichten und Interviews deutschsprachiger Medien waren hilfreich, um das in Meys Musik und Texten gefundene Bild biografisch abzurunden. Zudem verdankt das Kapitel über die Maikäfer wichtige Informationen dem Beitrag von Lotta Wieden, »Maikäfer, flieg!« in der »Frankfurter Allgemeinen Zeitung« vom 12.4.2015.

BILDNACHWEIS

Cover, S. 2 | Reinhard Mey, 2012 © Caro / Waechter / Süddeutsche Zeitung Photo
S. 12 | Reinhard Mey, Anfang der 1970er-Jahre © SZ Photo / Süddeutsche Zeitung Photo
S. 106 | Reinhard Mey, 1989 © Teutopress / Süddeutsche Zeitung Photo
S. 166 | Reinhard Mey, 2000 © Stefan M. Prager / Süddeutsche Zeitung Photo
S. 174 | Reinhard Mey, 2011 © snapshot-photography / Süddeutsche Zeitung Photo

Weitere Bücher aus dem Verlagsprogramm

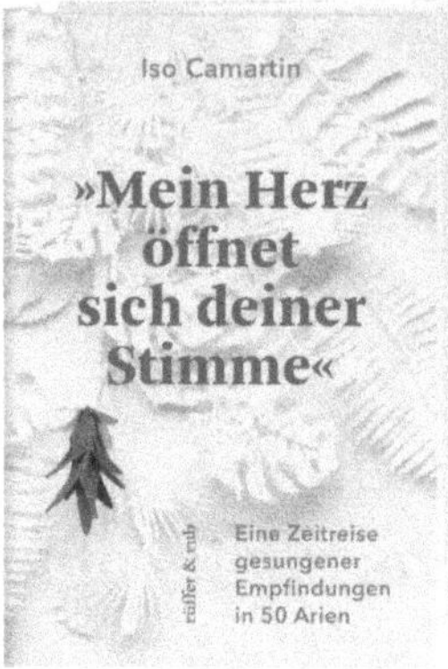

Iso Camartin

»Mein Herz öffnet sich deiner Stimme«
Eine Zeitreise gesungener Empfindungen in 50 Arien

256 Seiten | Hardcover
ISBN 978-3-906304-79-3

Gespräch mit Iso Camartin

In diesem Buch geht es um die Kunst des Singens, des Darstellens, des Gestaltens auf der Opernbühne und im Konzertsaal. In den ausgewählten 50 Arien aus Opern, Oratorien und Kantaten vom 17.–20. Jahrhundert sind Schlüsselmomente musikalischer Erfahrungen und Empfindungen dargestellt, Gefühle und Leidenschaften, wie sie die Musik unmittelbarer als jede andere Kunst bereithält.

In diesen Arien taucht Liebe auf als Eifersucht, Hass und Rachsucht, vor allem aber als ein das Leben durchpulsendes Glück, als Traum, als Vision und als letztlich einzige sinngebende Zukunftserwartung. Liebe ist das Grundelement heldenhafter Aufopferung ebenso wie jenes tief empfundener Zuneigung, Liebe gibt es aus zukunftsorientierter Abenteuerlust wie aus entsagender Einsicht, kurzum: Liebe ist das wichtigste Beweismittel, dass das Dasein lebenswert ist.

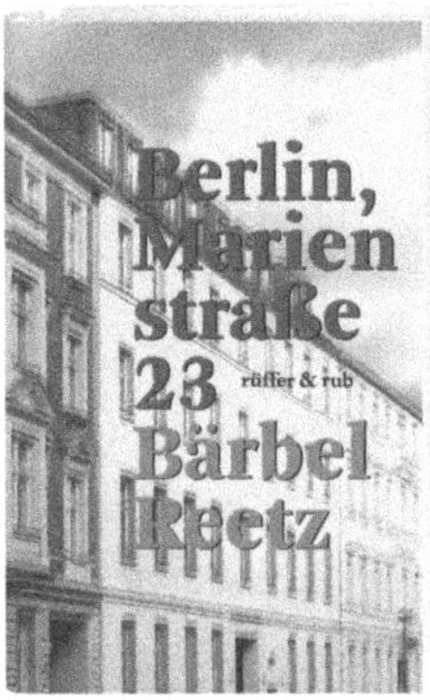

Bärbel Reetz

Berlin, Marien-strasse 23

268 Seiten | Hardcover
ISBN 978-3-906304-81-6

Gespräch mit Bärbel Reetz

»Berlin, Marienstraße 23« ist die faszinierende Geschichte eines Hauses und seiner BewohnerInnen – genau so, wie sie hätte gewesen sein können. Die Autorin Bärbel Reetz wohnt an der Marienstraße 23 in Berlin und hat ihr Haus »befragt«. Sie begab sich in Archiven, Büchern und im Internet auf Spurensuche und begann darauf aufbauend eine Geschichte zu weben.

Diese beginnt im Jahre 1828, als der Chemiker Friedrich Accum, der nach Berlin zog, um in London einer Haftstrafe zu entgehen, das Haus bauen ließ. Nach dessen Tod betrieb sein Sohn Fredrick Accum einen Delikatessen- und Teeladen im Haus, bevor der Arzt Karl Schweigger seine Augenklinik in diesen Räumlichkeiten einrichtete. Im Laufe seines langen Lebens wurde das Haus zudem von einem Schauspieler, einem Pferdehändler und einem Sexualwissenschaftler bewohnt und, als die Rote Armee Berlin eroberte, gar als NKWD-Gefängnis genutzt.

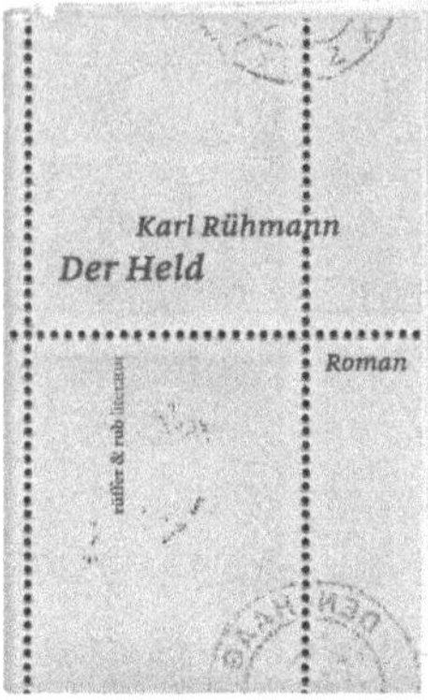

Karl Rühmann

Der Held

264 Seiten | Hardcover
ISBN 978-3-906304-63-2

Gespräch mit Karl Rühmann

»Freunde? Ich weiß nicht. Vielleicht sind wir so wenig Freunde, wie wir früher Feinde waren.« – Der General

Zwei hohe Offiziere, die einst in derselben Armee gedient, im Krieg aber auf verschiedenen Seiten gekämpft hatten, werden als Kriegsverbrecher angeklagt und an das Internationale Tribunal in Den Haag ausgeliefert. Dort freunden sie sich an, da sie vieles verbindet: die Vergangenheit, die Sprache, das Alter, nicht zuletzt die drohende Strafe.

Nach fünf Jahren Untersuchungshaft wird der General der siegreichen Partei freigesprochen, der Oberst zu einer langjährigen Strafe verurteilt. Der General kehrt als Held in die Heimat zurück, doch das Schicksal wendet sich, als Ana, die Witwe eines ihm ergebenen Soldaten, herausfindet, dass der »Held« an einem Blutbad schuld sein soll.

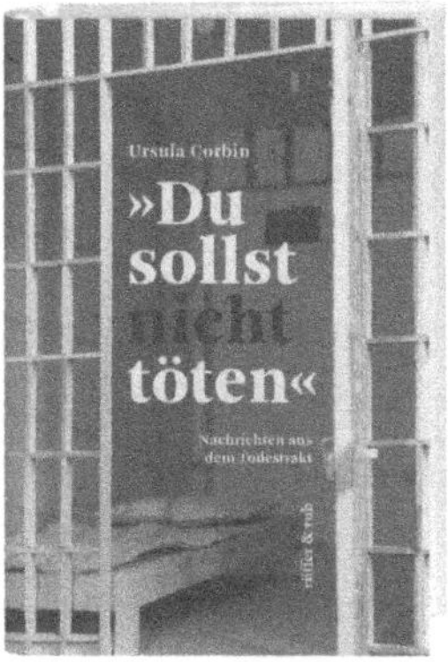

Ursula Corbin

»Du sollst nicht töten«
Nachrichten aus dem Todestrakt

224 Seiten | Hardcover
ISBN 978-3-906304-80-9

Gespräch mit Ursula Corbin

Wer einen Menschen tötet, soll mit seinem Leben bezahlen. Nach dieser Logik, müsste man auch denjenigen töten, der denjenigen tötet, der getötet hat – das Töten würde niemals aufhören!

In den USA wird die Todesstrafe grundsätzlich bei Tötungsdelikten verhängt, die Gesetzgebung variiert aber und in 20 Staaten wurde sie schon abgeschafft. Noch spricht sich 60% der Amerikaner für die Todesstrafe aus – aber die Zahl sinkt jährlich.

Ursula Corbin ist gegen die Strafe. Seit über 30 Jahren korrespondiert sie mit Menschen, die in einem amerikanischen Gefängnis auf ihre Hinrichtung warten. Im Buch erzählt sie acht dieser Geschichten. Man erfährt, wie es zu den Taten gekommen ist, was es heißt, nach dem Urteil jahrelang auf die Strafe zu warten. Sie erfahren aber auch, welche Rolle der Glaube für die Häftlinge spielt, wie ein Besuch im Todestrakt abläuft und wie das Justizsystem in den USA funktioniert.

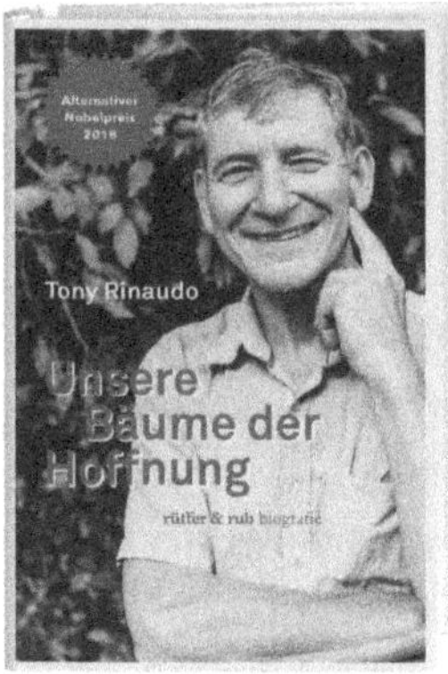

Tony Rinaudo

Unsere Bäume der Hoffnung

304 Seiten | Hardcover
ISBN 978-3-906304-66-3

Gespräch mit Tony Rinaudo

Dies ist die Geschichte einer zufälligen Entdeckung und wie sie das Leben des australischen Agrarökonomen Tony Rinaudo geändert, das Klima und die Lebensverhältnisse von Millionen von Menschen verbessert hat.

In seiner Autobiografie erzählt Tony Rinaudo von seiner Entdeckung für eine sichere Art der Wiederaufforstung und der langwierigen Überzeugungsarbeit, um ernst genommen zu werden. Inzwischen wird seine FMNR-Methode in mehreren afrikanischen Ländern erfolgreich angewendet. Wo sich vor 20 Jahren noch die Wüste ausbreitete, forsten Farmer große Landstücke auf.

Der Autor erhielt 2018 den Alternativen Nobelpreis, und seither geht die Erfolgsgeschichte immer weiter: Die aufgeforsteten Flächen in Afrika und Asien werden immer größer. Der international erfolgreiche Filmregisseur Volker Schlöndorff hat den Dokumentarfilm »Der Waldmacher« (2022) gedreht und ein Vorwort geschrieben.

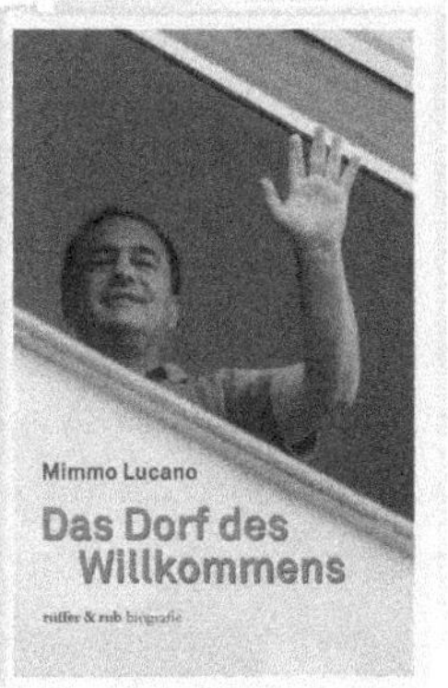

Mimmo Lucano

Das Dorf des Willkommens

288 Seiten | Hardcover
ISBN 978-3-906304-87-8

Am 1. Juli 1998 landet an der Küste des kleinen Dorfs Riace ein Schiff mit kurdischen Flüchtlingen. Es entsteht das »Dorf des Willkommens« und es strömen Interessierte aus aller Welt herbei, um aus dem »Modell Riace« für den Umgang mit Migranten zu lernen.

Domenico »Mimmo« Lucano ist Visionär, politischer Aktivist, Humanist und war Bürgermeister von Riace. Mit dem Aufstieg der italienischen Rechten und Lega-Chef Salvini als Innenminister wird er jedoch kriminalisiert. Mimmo Lucano wurde unter anderem wegen Beihilfe zur illegalen Migration zu 13 Jahren Haft verurteilt.

Was brauchen wir, um als Einzelne und als Gesellschaft unsere Seele nicht zu verlieren? Diese Frage ist wichtiger denn je. »Die Lösung könnte in einer ›Revolution der Normalität‹ liegen, dem Erleben eines friedlichen Miteinanders«, so Mimmo Lucano.

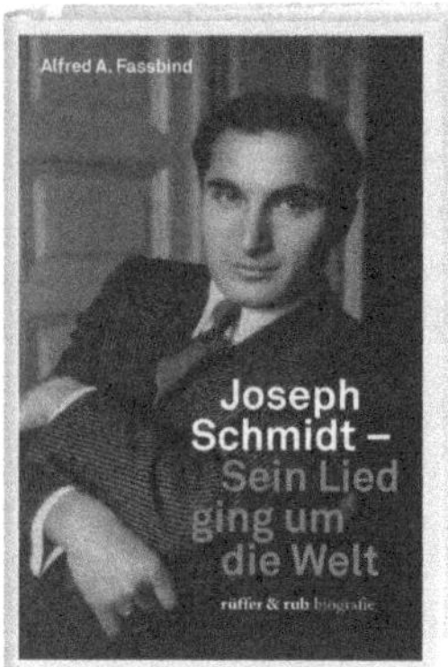

Alfred A. Fassbind

Joseph Schmidt

Sein Lied ging um die Weltt

288 Seiten | Broschur
ISBN 978-3-906304-88-5

Gespräch mit Alfred A. Fassbind

Joseph Schmidt, einer der ersten großen Musikstars des 20. Jahrhunderts, sang sich mit »Ein Lied geht um die Welt« und »Ein Stern fällt vom Himmel« in die Herzen der Menschen in aller Welt.

Das NS-Regime setzte seiner Karriere ein jähes Ende und zwang den Publikumsliebling zur Flucht durch ganz Europa. Einst von Millionen geliebt, starb der Sänger und Filmstar Joseph Schmidt am 16. November 1942 im Schweizer Exil – erst 38 Jahre alt.

Alfred A. Fassbind schildert die ergreifende Geschichte einer der eindrucksvollsten Stimmen des letzten Jahrhunderts – befreit von Legenden und zweifelhaften Anekdoten, die Schmidt bereits zu Lebzeiten begleiteten. Die Biografie ermöglicht den Blick auf Joseph Schmidt als Menschen und zeigt das Bild eines einzigartigen Künstlers in einer dunklen Zeit.